新CS & 3観点評価 対応！
学習指導要領

小学校国語科
質の高い
言語活動
パーフェクトガイド
5・6年

水戸部修治 編著

明治図書

まえがき

　近年，小学校国語科の授業は大きく進展してきました。それはたくさんの方々の「子供が主体的に学べるようにしたい」という熱意や，「質の高い授業によって子供たちに言葉の力を付けたい」という思いに支えられた御努力とそれを具体化する実践によるものです。
　しかし同時に，授業は極めて複雑な構造体であるが故に，絶えず新たな課題に直面します。現在の国語科授業実践について，大きくは次のような課題があると考えます。

> ①今後の変化の激しい社会を見据え，子供たちに付けたい言葉の力をどう見極めるか
> ②言語活動を通してそうした言葉の力を育むための単元をどう構想するか
> ③上述のような授業構想の基盤となり枠組となる新学習指導要領・国語をどう使いこなすか
> ④優れた実践をどう集積し，各学校や実践者の授業改善に活用できるようにするか

　平成10年版学習指導要領以降，国語科では「言語活動を通して指導事項を指導する」という基本的な枠組が提示されてきました。この「言語活動」は指導のねらいを実現するためのものであり，かつ子供が主体的に思考・判断し，自らの思いなどを表現したりするために位置付けるものです。こうした言語活動を十分に機能させるためには，大前提として，子供たちに付けたい言葉の力を，未来社会を生きる子供たちにとってこそ必要な言葉の力とは何かという観点から見極めていくことが求められます。また具体的な単元において，そうした言葉の力を育むための適切な言語活動を選定したり設定したりするには，言語活動の特徴を分析するという観点からの教材研究も必要になります。さらには，単元の各単位時間やそれぞれの学習活動において，子供たちが学ぶ目的や必要性を自覚し確かな言葉の力を身に付けることができる学習指導過程を柔軟な発想で構築することも重要になります。加えて，新学習指導要領の趣旨を踏まえた評価規準の具体化も求められます。
　こうした学習指導要領の枠組や，それを具体化するための課題は，平成29年3月に改訂された新学習指導要領・国語及びその具体化においてもそのまま引き継がれています。
　この数年間，多くの方々の授業改善へのチャレンジによって，実践上の課題に対する知見が豊富に蓄積されてきました。本書は，こうした「主体的・対話的で深い学び」の実現につながる授業実践を集積し，読者の皆様が新学習指導要領・国語を十二分に使いこなし，さらなる実践の展開を目指すことを祈念して刊行するものです。
　本書に寄せていただいた優れた実践が全国の数多くの実践者と共有されることで，国語科の一層の授業改善を実現し，未来を生きる子供たちのための国語科授業改革につながっていくものと確信しています。

2018年7月

水戸部修治

Contents

まえがき

Chapter 1
新学習指導要領が目指す授業改善と質の高い言語活動

❶ 未来を生きる子供たちのための国語科授業改革 …………………………………… 6
❷ 質の高い言語活動を位置付けた授業づくり ………………………………………… 8
❸ 質の高い言語活動と新学習指導要領・国語 ………………………………………… 10

Chapter 2
新学習指導要領・国語を使いこなす再ユニット化マトリックスと単元計画シート

❶ 再ユニット化のためのマトリックス …………………………………………………… 26
❷ 授業づくりに向けた単元計画シートの活用と形式例 ……………………………… 27
　資料1　再ユニット化マトリックス「A話すこと・聞くこと」編 ……………… 29
　資料2　再ユニット化マトリックス「B書くこと」編 …………………………… 30
　資料3　再ユニット化マトリックス「C読むこと」編 …………………………… 31
　資料4　小学校国語科単元計画シート ……………………………………………… 32
　資料5　小学校国語科単元計画シート（新学習指導要領版）…………………… 34

Chapter 3
「質の高い言語活動」を位置付けた新学習指導要領・国語科の授業づくりガイド

　●12事例の見方・使い方　10のポイント …………………………………………… 36

第5学年の授業づくり

❶ 話すこと・聞くこと
　「わかたけ会」にお招きしたい方をすいせんしよう ……… 40

❷ 書くこと
　福山市　何もないとは言わせない！　新涯小　5年生からのPR ……… 48

❸ 読むこと（説明文）
　和の文化をプレゼンしよう ……… 56

❹ 読むこと（説明文）
　4年生に提案するための情報との付き合い方を考えよう！ ……… 64

❺ 読むこと（文学）
　おすすめレターで伝える　宮沢賢治作品の魅力！ ……… 72

❻ 読むこと（文学）
　魅力たっぷり　私が推薦する本はこれ！ ……… 80

第6学年の授業づくり

❶ 話すこと・聞くこと
　大ピンチ！　附属平野小学校〜よりよい学校をつくるために〜 ……… 88

❷ 書くこと
　将来の仕事について調べて調査報告文を書こう ……… 96

❸ 読むこと（説明文）
　星野道夫展で伝えよう ……… 104

❹ 読むこと（説明文）
　番町プロフェッショナルブックを作ろう ……… 112

❺ 読むこと（伝記）
　読書交流会で語り合おう！　自分を支える偉人の生き方！ ……… 120

❻ 読むこと（文学）
　読書座談会で語り合おう　立松和平の考える命と自分の考える命 ……… 128

Chapter 1

新学習指導要領が目指す授業改善と質の高い言語活動

未来を生きる子供たちのための国語科授業改革

1　これからの社会と子供たち

　今我々が生きる社会は，急速な変化の中にある。
　とりわけ我が国の少子高齢化は，世界で最も深刻なスピードで進んでいる。『平成29年版少子化社会対策白書』（内閣府）によれば，世界全域の年少人口（0～14歳の人口）の割合（国連推計）は，26.1％であるが，我が国の総人口に占める年少人口の割合は，12.4％と世界的に見ても小さくなっている。また『平成29年版高齢社会白書』（内閣府）によれば，我が国は世界で最も高い高齢化率であることが指摘されている。世界のどの国も経験していないスピードで少子高齢化が進んでいるのである。
　先行する諸外国の取組を参考に，日本の実情に合わせてうまく取り込んで対策を講じるというこれまでの手法は，こうした状況下ではとることができない。すなわち今我々は，手本や正解が極めて見いだしにくい時代の中にいるのだ。産業構造の変化や高度情報化，グローバル化など，社会の変化は加速し続け，20年後，30年後はさらに先を見通しにくい状況となっているだろう。子供たちはそうした変化の激しい社会で成長し，その社会を担っていくこととなるのである。

2　変わる大学入試

　今後の大学入試等の在り方を検討してきた文部科学省所管の「高大接続システム改革会議」は，「最終報告」（平成28年3月）において，次のような指摘を行っている。

○これからの時代に我が国で学ぶ子供たちは，明治以来の近代教育が支えてきた社会とは質的に異なる社会で生活をし，仕事をしていくことになる。
○混とんとした状況の中に問題を発見し，答えを生み出し，新たな価値を創造していくための資質や能力が重要（後略）。
○こうした資質や能力は，先進諸国に追いつくという明確な目標の下で，知識・技能を受動的に習得する能力が重視されてきたこれまでの時代の教育では，十分に育成することはできない。
○我が国と世界が大きな転換期を迎えた現在，この教育改革は，幕末から明治にかけての教育の変革に匹敵する大きな改革であり，それが成就できるかどうかが我が国の命運を左右すると言っても過言ではない。

すなわち，前項で述べてきたような社会の変化は今後一層激しいものとなり，そうした未来社会を生きる子供たちにとって必要な資質・能力を確かに育むための教育を実現することが強く求められるのである。この「最終報告」では，大学入試において，大学教育を受けるために必要な能力としてどのような力を評価すべきかということに関して，次のような方向性を示している。

> 「別添資料7」
> 　各教科の知識をいかに効率的に評価するかではなく，特に，
> ①内容に関する十分な知識と本質的な理解を基に問題を主体的に発見・定義し，
> ②様々な情報を統合し構造化しながら問題解決に向けて主体的に思考・判断し，
> ③そのプロセスや結果について主体的に表現したり実行したりするために必要な諸能力をいかに適切に評価するかを重視すべき。

　今回の学習指導要領の改訂は，こうした大学入試の在り方とも連動した一体的な改革であるととらえることができるだろう。教育の在り方もまた，社会構造の大きな変化とは無関係に考えることはできない。

3　これからの社会を生きる子供たちに必要な国語の能力の明確化

　国語科の授業づくりにおいては，こうした未来社会を生きる子供たちにとってこそ必要な資質・能力を育むことが一層重要となる。子供たちにとって必要な国語の能力を整理し体系化するのはたやすいことではない。しかし先述のような，膨大な情報があふれ，必要な知識も日々更新されていくような社会にあっては，例えば与えられた知識を覚えるにとどまらず，必要な知識を自ら獲得していくための資質・能力が一層重要になるだろう。
　平成29年版学習指導要領でも，小学校の「第3　指導計画の作成と内容の取扱い」で，

> 2(1)イ　表現したり理解したりするために必要な文字や語句については，辞書や事典を利用して調べる活動を取り入れるなど，調べる習慣が身に付くようにすること。
> 2(3)　第2の内容の指導に当たっては，学校図書館などを目的をもって計画的に利用しその機能の活用を図るようにすること。その際，本などの種類や配置，探し方について指導するなど，児童が必要な本などを選ぶことができるよう配慮すること。（以下略）

などが示されている。調べ学習を行う場合，例えば図鑑や事典，インターネットなどを駆使して，必要な情報を見付け出すことが考えられる。情報を見付け出すためには，本の題名や種類などに注目したり，見出しや目次を活用したりする必要が出てくる。また，索引を利用したり

パソコンを利用して検索をしたりすることも必要となる。

　その際，目次や索引の使い方を知っているということに加えて，自分の課題解決に必要な情報は何かをはっきりさせることが必要である。さらには，その情報がどこにあるのか，どのようなキーワードを用いて検索すればよいのかを判断することも大切になる。加えて，たくさん集まった情報を取捨選択したり，分類・整理したりして活用しやすい状態にすることも求められる。すなわち，知識や技能を駆使して課題を解決するための思考力・判断力・表現力等が必要となる。また，必要な情報や解決方策がいつもすぐ見付かるわけではない。手に取った図鑑や事典に情報がない場合には，検索ワードを変えてみる，他の図鑑や事典にも当たってみる，友達や先生によい情報源がないかどうか尋ねてみるなど，他者と協働しながら粘り強く取り組んでいく態度なども大切になるだろう。当然こうした資質・能力は，一つの学年や特定の単元で指導するだけでは十分ではない。子供たちの発達の段階に応じ，小・中・高等学校を見通して系統的に指導することとなる。

　高度情報化が一層進む社会を生きる子供たちにとって必要な能力の一例として，情報を検索したり収集したりする能力について検討を試みた。例えば，話すこと・聞くことや書くことにおける情報収集の学習や，説明的な文章の学習の在り方を構想する際にも，こうした子供たちにとって必要な資質・能力を見極めることが重要なものとなる。

質の高い言語活動を位置付けた授業づくり

1　授業の成否を握る言語活動

　言語活動の充実は，平成20年版学習指導要領において，各教科等を貫く改善の視点として位置付けられてきた。また国語科においては，平成10年版学習指導要領以降，言語活動を通して指導事項を指導することを基本としてきた。後述するが，平成29年版学習指導要領ではさらに，教科目標に言語活動を通して国語の資質・能力を育成することを明示している。すなわち，国語科の授業づくりにおいては，そこに位置付ける言語活動の質が，その成否を握ると言っても過言ではない。

2　質の高い言語活動の要件とは

　国語科の学習に限らず，学習指導において「活動あって学びなし」といった課題点は，従来も指摘されてきたところである。この課題に立ち向かうためには，安易に活動なしの授業に戻るのではなく，学びを生み出すための言語活動の質を高めることが重要になる。では，質の高い言語活動とはどのようなものであるととらえればよいだろうか。

国語科における言語活動は，国語科で育成を目指す資質・能力を育成するためのものである。従って，質の高い言語活動とは，端的に言えば，育成を目指す国語の資質・能力を子供たちが身に付ける上で，しっかり機能する言語活動であると言えるだろう。このことを大前提として，より具体的には次のような視点が重要になる。

❶育成を目指す資質・能力を具体化・顕在化させる言語活動

　第1には，言語活動によって，当該単元で育成を目指す資質・能力を子供もそして教師も具体的にとらえられるようにするものとなることが大切になる。言語活動は資質・能力そのものではないが，形として見えやすいという特徴をもつ。それ故，言語活動は国語の資質・能力をより具体化し顕在化させる働きをもつ。

　子供たちが当該単元で身に付ける資質・能力は，当該単元で取り上げて指導する〔知識及び技能〕，〔思考力，判断力，表現力等〕の指導事項等によって規定される。例えば小学校第5学年及び第6学年〔思考力，判断力，表現力等〕「C読むこと」には，「ウ　目的に応じて，文章と図表などを結び付けるなどして必要な情報を見付けたり，論の進め方について考えたりすること」がある。高学年では，目的に応じて必要な情報を見付けることが求められる。その際，既に整理された情報を取り出すのみならず，子供自身が文章と図表などを結び付けるなど，思考や判断を働かせて読む能力が一層重要になる。他教科等との関連や中学校第1学年との関連も視野に入れ，様々な情報の中から目的に応じて情報を得る能力が必要となる。また目的に応じて書き手の論の進め方について考えることも求められる。具体的には，書き手の主張をよりよくとらえたい，自分が表現する際の参考にしたい，といった目的に応じて考えることとなる。

　そこで例えば，「〇〇について解説するため，必要な文章を読んで，考えを整理して発信しよう」といった，子供自身が「目的に応じて」思考や判断をすることを促す学習活動を工夫することとなる。つまり，こうした言語活動を単元全体に位置付けることによって，「目的に応じて，文章と図表などを結び付けるなどして必要な情報を見付けたり，論の進め方について考えたりする」という当該単元で育成を目指す資質・能力がより具体化され，子供たちにとってもとらえやすいものとなるのである。

❷子供たちにとっての課題解決の過程となる言語活動

　第2には，言語活動が子供たちにとっての課題解決の過程となることが大切になる。社会科や理科，家庭科や総合的な学習の時間など，各教科等の学習においては，課題解決や問題解決など，呼称の異なりはあっても，おおむね課題解決の過程を取る学習指導が構想されるのが一般的である。国語科においては，言語活動が課題解決の過程として機能するように単元全体を通して位置付けることによって，当該単元で育む〔知識及び技能〕，〔思考力，判断力，表現力等〕は一層鮮明に浮かび上がる。

　先述の「C読むこと」には，「ア　事実と感想，意見などとの関係を叙述を基に押さえ，文章全体の構成を捉えて要旨を把握すること」がある。これだけを見てしまうと，子供の主体的

な思考や判断等の必要のない,単なる内容の読み取りをさせればよいように思えるかもしれない。しかしこうした指導事項は,学習の過程を明確にして示されたものである。すなわち,「事実と感想,意見などとの関係を叙述を基に押さえ,文章全体の構成を捉えて要旨を把握すること」が「目的に応じて」「必要な情報を見付けたり,論の進め方について考えたりする」ことや「文章を読んで理解したことに基づいて感想や考えをまとめること」,さらには「自分の考えを広げること」といったそれぞれの過程を明確にして示された指導事項と相互に関連付けられることが必要である。このことによって,無目的な読み取りではなく,読む目的に応じて必要な情報を見付けたり,論の進め方について考えたりするとともに,感想をもったり共有したりすることに向けた前提として,内容を把握するのだという見通しをもつことができるようになる。なお,「A話すこと・聞くこと」や「B書くこと」に明示されているような課題設定について,「C読むこと」では指導事項としては明示されていない。しかし,読むことに関する課題設定から始まる単元の一連の学習過程を,言語活動によって具体化することにより,子供自身の目的意識を明確にして資質・能力を高めていく学習指導が可能となるのである。

❸子供たちが主体的に学ぶことに機能する言語活動

第3に,子供の側から言語活動を見たときに,言語活動によって学ぶ目的や意義,価値そして楽しさを実感できるものであることが重要になる。国語科で育成を目指す資質・能力は,単に暗記したり指示通りに手順をこなしたりするだけで身に付くものにとどまらず,変化する状況や条件を踏まえ,必要となる知識や技能を生かして思考・判断・表現することによって獲得できるものである。そうした資質・能力を身に付ける原動力となるのが主体的に学ぶ意欲である。前述の「○○について解説するため,必要な文章を読んで,考えを整理して発信する」言語活動の例であれば,学級全員の子供たちが同じ教材文を読んで解説する学習は考えられるかもしれない。しかし子供の側に立ってみれば,自ら選んでもっといろいろな図鑑や事典を読み,必要な情報を見付けて発信する価値を自覚したときこそ,友達や教師,家族によりよく解説したいという思いを明確にするであろう。そうした思いが,教科書にはない難しい言葉でも夢中になって理解し,自分が興味をもったことをきちんと解説するために情報を精査して読むことへの原動力となる。

質の高い言語活動と新学習指導要領・国語

1 主体的・対話的で深い学びの視点からの授業改善

❶教師の,育成を目指す資質・能力のとらえ方の深さが「深い学び」を生み出す

今回の改訂では,育成を目指す資質・能力が単に教え込めば定着するものではなく,生きて

働く「知識及び技能」や，未知の状況に対応できる「思考力，判断力，表現力等」，そして「学びに向かう力，人間性等」といったものであることから，「主体的・対話的で深い学び」の視点からの授業改善が重視されている。その際，「主体的・対話的」は比較的把握しやすいが「深い学び」とは何かがとらえにくいという指摘もある。

「深い学び」の具体的な姿を解明するためには，そこで育成を目指す言葉の力とはいったい何かということを本質的なところで明らかにする必要がある。「活動ばかりで力が付かない」という言葉を聞くことがあるが，活動を重視するから力が付かないのではなく，いったいどんな言葉の力を付けたいのかがあいまいなまま活動をしてしまうことから，そのような状況に陥ることが極めて多く見受けられる。安易に活動のない，教材を教え込む授業に戻ることが深い学びにつながるわけではない。むしろ教科目標に明示されたように，国語科は，言語活動を通して資質・能力を育成する教科であることから，言語活動の質の高さが資質・能力を確かに育成できるかどうかに直結するものとなる。

今回の改善点の一つである，語彙を豊かにすることを例に考えてみよう。語彙を豊かにするための指導の在り方を，辞書にある言葉を暗記させるととらえてしまうのではなく，子供たちが自分に必要な情報を理解したり，自分の思いにふさわしい言葉で表現したりするなど，課題解決の過程となる言語活動を行う中で，多彩な言葉を駆使できるようにすることを目指すことが「深い学び」の視点からの授業改善につながる。

これは，学習指導要領の構造にも大きく関わる。今回の学習指導要領の国語の内容は，〔知識及び技能〕と，3領域で構成される〔思考力，判断力，表現力等〕と大きく二つの柱で構造化されている。現行と異なり，〔知識及び技能〕が先に示されているため，まずこれを一つ一つ教え込んだ後で，〔思考力，判断力，表現力等〕を指導するというイメージでとらえてしまうと，〔知識及び技能〕のとらえ方は本質的なところには至りにくい。

また国語の場合，「深い学び」とは，深く読み取らせることなのではないかととらえられる場合もある。しかし，深く読み取るというのは，極めてあいまいな言い方である。まず学年の系統性がはっきりしていない。また例えば作品の主題を深くとらえると言ったときに，主題とは何かを考える際，作者が伝えたかったことという意味合いだけではなく，作者の手を離れて，作品そのものがもつメッセージという意味合いや，さらには読者自身が自分の思考や感情や体験とどう重ねて新たな意味を見いだしていくかという，読者の視点も重要になる。そうした多面的な視点から主題をとらえる必要があると考えていくと，教材を深く読み取らせると言っただけでは非常にあいまいなのである。

むしろ子供たちに育みたい読む能力は，ただ単に与えられた文章の意味内容を受け取るだけの狭いものではなくなってくるだろう。10年後，20年後，30年後を見据え，子供たちが変化の激しい社会を生きていくためには，いったいどんな読む能力が必要なのかと考えたときに，いろいろな情報を自ら手を伸ばして得たり，一つの情報だけではなく，複数を比較検討して自分

の考えを明確にしたりする力も一層重要になる。

つまり、子供たちにとって必要な資質・能力を教師がとらえる深さが「深い学び」を生み出す基盤になっていくのである。

❷これまでの学びを生かして「言葉による見方・考え方」を働かせていく

「深い学び」の鍵となるのが「見方・考え方」であると言われている。新『小学校学習指導要領解説国語編』には、「指導計画作成上の配慮事項」の解説箇所に、次のような記述がある。

> ○国語科は、様々な事物、経験、思い、考え等をどのように言葉で理解し、どのように言葉で表現するか、という言葉を通じた理解や表現及びそこで用いられる言葉そのものを学習対象としている。言葉による見方・考え方を働かせるとは、児童が学習の中で、対象と言葉、言葉と言葉との関係を、言葉の意味、働き、使い方等に着目して捉えたり問い直したりして、言葉への自覚を高めることであると考えられる。

国語科が「言葉そのものを学習対象としている」ことについては、これまでもその重要性が指摘されてきた。例えば説明的な文章教材では、乗り物の機能に応じた構造や昆虫、動植物の生態などを取り上げた内容のものが多く見られる。しかし乗り物の構造や動植物の生態に詳しい子供を育てることが国語科のねらいではない。

もう一つの視点は、「言葉への自覚を高めること」である。これは、「児童が」自ら言葉への自覚を高めることを意味している。そのための手立てとして教師が指導を工夫することは不可欠であるが、教師の指示がなければいつまでも言葉を自覚的にとらえない子供を育てようとするのではない。真に目指すのは子供自身が自覚的に言葉に着目する姿である。

ではどうすれば子供自身が言葉に着目することが可能になるだろうか。国語科では従来から言葉にこだわることが重視されてきたが、どちらかと言えば教師がこだわるのみであったり、教師のこだわる言葉を言い当てさせたりすることになってしまうこともあったのではないだろうか。また、小学校高学年以降はまだしも、低学年の子供たちが言葉にこだわるといったことは想定しにくいといったこともあるのではないか。

しかし、低学年の子供たちであっても、お気に入りの物語を読んで「ここが大好き」といった思いをもつことがあるだろう。また中・高学年の子供たちが物語の「ここが引っかかる」「ここがじーんと来る」といった感情を抱くこともあるだろう。読むことに苦手意識をもつ子供たちが、大好きなところを見付けることにも課題がある現状を踏まえると、子供自身が言葉に着目する機会を一層重視する必要がある。

もちろん、単発の活動として好きなところを見付けるだけでは十分ではない。言葉に自覚的になるためにも、子供自身にとっての課題解決の過程となる言語活動を位置付けることが重要になる。例えば、高学年であれば「心に響く作品の魅力を理由をはっきりさせて推薦しよう」

といった言語活動を工夫することが考えられる。好きな作品であればあるほど，「単に何となくおもしろい」のではなく，作品の魅力や推薦する理由をより深くとらえて説明しようとするだろう。そうした局面を生かすことで，改めて自分の心に響く言葉はどの叙述なのか，そしてその理由となる言葉はどこにあるのかを吟味するだろう。それは，言葉と言葉との関係をとらえたり問い直したりする姿でもある。例えばこうした言語活動を工夫することが，子供が言葉への自覚を高めることを可能にするのである。

「大好きなところ」「心に響く優れた叙述」だとする理由は，学年によって異なる。低学年なら，当該の場面の登場人物の言動や，自分の経験との結び付きが挙げられる。例えば「勇気のあることをしたから好き」「自分も同じ経験があるから好き」などといった理由付けをすることが考えられる。中学年なら当該の場面のみならず，前後の場面の移り変わりや登場人物の気持ちの変化を押さえることとなる。またシリーズ作品間の関連性を基に好きな理由を挙げることも考えられる。高学年なら人物の相互関係とその変化など物語全体の叙述を結び付けて意味を見いだしたり，同じテーマの他の作品と関連付けたりして理由付けすることも考えられる。

こうした手がかりは，指導事項等から導き出すことができる。つまり繰り返し身に付けながら系統的に上の学年に発展していくのである。「見方・考え方」はそれを働かせて資質・能力を身に付けるものであるために，当該単元で育成を目指す資質・能力そのものではない。前学年・前単元までに身に付けた資質・能力が基盤となって，次単元・次学年の学習で働く言葉による見方・考え方が養われることとなる。

2 授業改善に向けて押さえたい新学習指導要領・国語の構造と基本的な特徴

❶教科目標及び学年目標

教科目標は次の通りである。

> 第1 目標
> 　言葉による見方・考え方を働かせ，言語活動を通して，国語で正確に理解し適切に表現する資質・能力を次のとおり育成することを目指す。
> (1) 日常生活に必要な国語について，その特質を理解し適切に使うことができるようにする。
> (2) 日常生活における人との関わりの中で伝え合う力を高め，思考力や想像力を養う。
> (3) 言葉がもつよさを認識するとともに，言語感覚を養い，国語の大切さを自覚し，国語を尊重してその能力の向上を図る態度を養う。

今回の改訂においては，従来からの，言語活動を通して指導事項を指導するという国語科の基本的な特徴を，教科目標に明示している点に大きな特徴がある。すなわち，単元に位置付け

る言語活動の質が，子供たちに育成を目指す資質・能力を十分に育めるかどうかを決定付ける鍵になるとも言えるだろう。平成20年版学習指導要領下では，言語活動を明確に位置付けた授業改善が飛躍的に進んだが，その成果を一層生かし，着実に授業改善を進めることが重要になるのである。

学年目標は，後述の資料（pp.29～31）の通りである。教科目標と同様に，(1)は「知識及び技能」，(2)は「思考力，判断力，表現力等」，(3)は「学びに向かう力，人間性等」に係る目標として示されている。現行学習指導要領が領域ごとに学年目標を示していたのに対して，新学習指導要領では，資質・能力の三つの柱で示している点が変更点である。

❷各学年の内容

各学年の内容は，後述の資料（pp.29～31）の通りである。国語科の「2　内容」には，「知識・技能」に関わるものを〔知識及び技能〕，「思考力，判断力，表現力等」に関わるものを〔思考力，判断力，表現力等〕として示している。さらに〔思考力，判断力，表現力等〕は，現行同様「A話すこと・聞くこと」，「B書くこと」，「C読むこと」の3領域によって構成されている。現行では3領域の後に〔伝統的な言語文化と国語の特質に関する事項〕が示されているのに対して，新学習指導要領では〔知識及び技能〕が〔思考力，判断力，表現力等〕より先に示される形をとっている。しかしこれは指導の順序性を示すものではないことに留意したい。つまり，まず知識や技能を与えて，後で思考・判断・表現させるといった一方通行の指導過程に変えていくという趣旨ではないことに留意する必要がある。

また国語科においては，「学びに向かう力，人間性等」については教科目標及び学年目標にのみ示され，内容には示されていない。「学びに向かう力，人間性等」は，それ自体が重要な資質・能力であるとともに〔知識及び技能〕や〔思考力，判断力，表現力等〕として内容に示された資質・能力を身に付ける上でも極めて重要な役割を担うものである。そのため，各単元で育成を目指す資質・能力を明確化するためには，年間指導計画を見通した上で，当該単元で指導する〔知識及び技能〕や〔思考力，判断力，表現力等〕の指導事項等を明らかにすることに加え，当該単元でどのような「学びに向かう力，人間性等」を育むのかを各学校等において明確にすることが大切になる。知識や技能を単に与えられた通りに使ったり，特定の思考の型通りに言語操作したりすることにとどまらず，自分自身の課題意識に支えられて自ら言葉に関する資質・能力を身に付けようとしたり，それを，新たな考えを創造するため，あるいは人と人とのよりよい関係をつくるためなどに用いたりしようとすることなどが重要になるのである。

❸指導計画の作成と内容の取扱いのポイント

新学習指導要領の「第3　指導計画の作成と内容の取扱い」には，授業を構想する際の重要な枠組みが多く示されている。

例えば第3の1に示す指導計画の作成に当たっての留意点として，「(1)　単元など内容や時間のまとまりを見通して，その中で育む資質・能力の育成に向けて，児童の主体的・対話的で

深い学びの実現を図るようにすること。(以下略)」が示されており，主体的・対話的で深い学びの実現を図る上では，単元が国語科における学習の基本的な単位であることを明確にしている。

また「(6) 第2の第1学年及び第2学年の内容の〔知識及び技能〕の(3)のエ，第3学年及び第4学年，第5学年及び第6学年の内容の〔知識及び技能〕の(3)のオ及び各学年の内容の〔思考力，判断力，表現力等〕の『C読むこと』に関する指導については，読書意欲を高め，日常生活において読書活動を活発に行うようにするとともに，他教科等の学習における読書の指導や学校図書館における指導との関連を考えて行うこと」として，〔知識及び技能〕の読書に関する事項と「C読むこと」の指導に当たっては，読書活動等を十分取り入れた指導が求められている。

さらに第3の2に示す内容の取扱いについては，前掲の調べる活動や学校図書館の機能活用や情報検索等についての取扱いに加えて，例えば「(1)ア　日常の言語活動を振り返ることなどを通して，児童が，実際に話したり聞いたり書いたり読んだりする場面を意識できるよう指導を工夫すること」などが示されている。

3　新学習指導要領をフル活用するポイント

❶単元を基本単位とした，言語活動を通した課題解決の過程の構築

これまでも述べてきたように，〔知識及び技能〕の指導においては，自分自身の課題解決の過程となる言語活動の中で，必要となる知識や技能を獲得し使いこなしていくという姿が重要になる。これは〔思考力，判断力，表現力等〕の各領域の中でも同じことが言える。国語科における「思考力，判断力，表現力等」は，単に思考スキルを訓練したり，その場その場で教師の指示に従って思考したりすることを意味するものではなく，子供たち自身にとっての課題の解決に向かう過程において，目的性や必然性をもって思考・判断し，表現していくことで育まれる資質・能力である。そしてその課題解決は単元を基本単位として位置付けた言語活動によって具体化することを基本としている。以下，3領域について，指導事項の配列をどのようにとらえて，課題解決の過程を構築することに役立てればよいかを見ていこう。

ア　「B書くこと」の指導事項の配列と指導に生かすポイント

学習指導要領では従前から，学習の過程を明確にして指導事項を示している。この示し方を手がかりにすることが，単元構想の際に重要になる。平成10年版以降，こうした学習の過程が最も明示されているのが「B書くこと」である。新学習指導要領では「B書くこと」の指導事項は，図1に示すように，「題材の設定，情報の収集，内容の検討」，「構成の検討」，「考えの形成，記述」，「推敲」，「共有」といった書くことの過程に沿って，それぞれのプロセスで働く資質・能力を明確に示している。もちろん，書くことの過程は常にこのように一方通行であるわけではないため，実際の単元構想に当たっては，柔軟に学習の過程を組み替えて，指導の効

果を高めることが重要になる。

イ 「A話すこと・聞くこと」の指導事項の配列と指導に生かすポイント

「A話すこと・聞くこと」では図2に示すように、「話すこと」、「聞くこと」、「話し合うこと」それぞれに学習の過程が見えるようにしている。例えば「聞くこと」においても、話を聞くプロセスから学習指導がスタートするのではなく、何について聞きたいかを明確にしたり、どのように聞いて質問するかを構想したりする資質・能力も重要になる。そのため、アに示す「話題の設定、情報の収集、内容の検討」は、現行の「話すこと・聞くこと」の指導事項の構成と同様に、「話すこと」のみならず「聞くこと」、「話し合うこと」いずれにもかかるものとなっている。おおむねア→イ→ウ→エ→オという一つの系統で過程を示す「B書くこと」とは異なる構造である点に留意する必要がある。

ウ 「C読むこと」の指導事項の配列と指導に生かすポイント

「C読むこと」には「構造と内容の把握」「精査・解釈」「考えの形成」「共有」の指導事項が示されている。しかし、「A話すこと・聞くこと」、「B書くこと」と比較して、指導事項の配列を見ただけでは学習の過程がつかみにくくなっている。そこで、指導に生かすためには次のような点に留意することが極めて重要なものとなる。

○「A話すこと・聞くこと」の「話題の設定」や「B書くこと」の「題材の設定」に当たる指導事項が明示されていないため、これを言語活動の設定の工夫や〔知識及び技能〕の読書に関する事項で補い、「読書

図1

図2

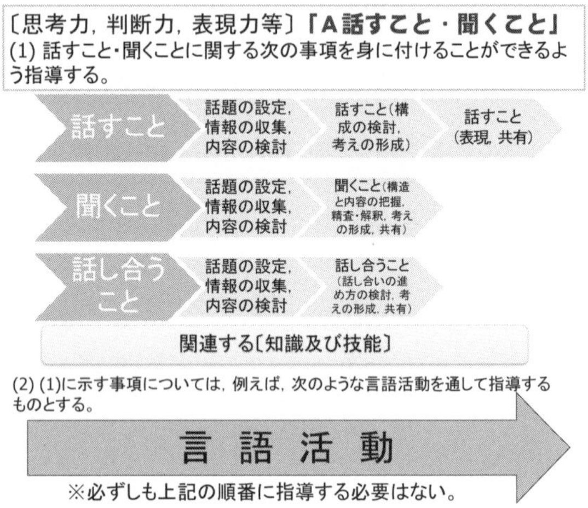

図3

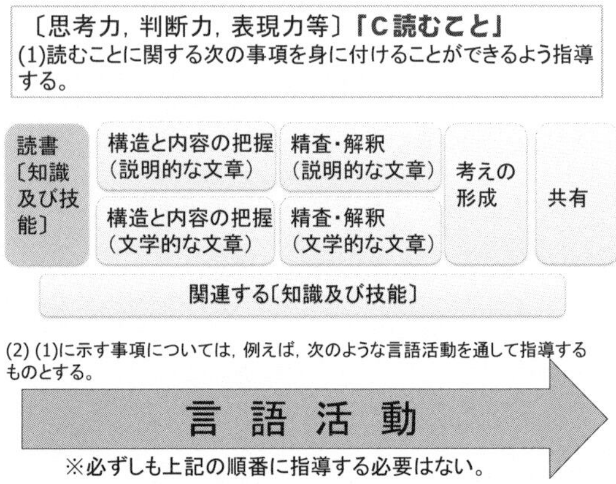

〔思考力、判断力、表現力等〕**「C読むこと」**
(1) 読むことに関する次の事項を身に付けることができるよう指導する。

読書〔知識及び技能〕	構造と内容の把握（説明的な文章）	精査・解釈（説明的な文章）	考えの形成	共有
	構造と内容の把握（文学的な文章）	精査・解釈（文学的な文章）		

関連する〔知識及び技能〕

(2) (1)に示す事項については、例えば、次のような言語活動を通して指導するものとする。

言 語 活 動

※必ずしも上記の順番に指導する必要はない。

課題の設定と構想」とも言うべき過程を創り出すこと。
○「構造と内容の把握」や「精査・解釈」の指導事項の趣旨を明確に把握し，単なる無目的な読み取りに陥らないようにすること。
○現行学習指導要領にある「目的に応じた読書に関する指導事項」が明示されていないため，学年目標の(3)や〔知識及び技能〕(3)の読書に関する事項を十分生かすとともに，「第3　指導計画の作成と内容の取扱い」の2(3)に示す学校図書館の機能の活用や，言語活動例を豊かに具体化するなどして補うこと。

こうした点を整理すると，図3のように表すことができる。

このように，特に「C読むこと」については，指導事項だけで一連の学習過程を示しているわけではない。しかしこれは学習指導要領が，資質・能力を整理して提示するという役割をもっていることからくるものである。学習指導要領を十二分に生かして授業改善を推進していくためには「C読むこと」の指導事項だけを視野に入れるのではなく，学習指導要領全体を視野に入れて読むことの授業を構想することが重要であり，こうした使いこなし方を工夫することがさらなる授業改善の重要なステップともなる。

❷指導事項を読み解き，その趣旨を生かし切る

ここでは，国語科の授業改善の鍵を握るとも言える「C読むこと」の指導事項を取り上げて，さらに検討を進めたい。

ア　「精査・解釈」の趣旨をどうとらえるか

「C読むこと」には，「構造と内容の把握」「精査・解釈」といった指導事項が示されている。この指導事項の趣旨を，現行と比較して考えてみよう。

第5学年及び第6学年「C読むこと」

現行：文学的な文章の解釈

　エ　登場人物の相互関係や心情，場面についての描写をとらえ，優れた叙述について自分の考えをまとめること。

新：構造と内容の把握（文学的な文章）

　イ　登場人物の相互関係や心情などについて，描写を基に捉えること。

　　精査・解釈（文学的な文章）

　エ　人物像や物語などの全体像を具体的に想像したり，表現の効果を考えたりすること。

例えば，第5学年及び第6学年の現行学習指導要領の「読むこと」の領域の文学的な文章の解釈に関する指導事項には，「登場人物の相互関係や心情，場面についての描写をとらえ，優れた叙述について自分の考えをまとめること」が示されている。これが新学習指導要領では「精査・解釈」の指導事項として「人物像や物語などの全体像を具体的に想像したり，表現の

効果を考えたりすること」と改訂されている。これは低学年の「場面の様子に着目して、登場人物の行動を具体的に想像すること」を受けた中学年の「登場人物の気持ちの変化や性格、情景について、場面の移り変わりと結び付けて具体的に想像すること」を発展させたものである。つまり低学年では、「場面の様子に着目して」読むことに重点を置いていたのに対して、中学年では、単一の場面だけではなく、複数場面を関連付けて読むことに重点を置き、さらに高学年では物語の全体像を視野に入れて読む能力を育むこととなる。

　作品に描かれた人物像や作品の全体像をとらえるためには、細部を総合した読みだけではなく、例えば作者の情報や同一作家の他のシリーズ作品などを読むことも有効になる。子供たちがそうした読む行為の有効性を実感しながら、縦横無尽に言葉と言葉、言葉と対象との関連性を見いだして解釈したり自分の考えを形成したりしていくことが求められる。

　このように、子供自身が思考・判断するという要素を明示することによって、「精査・解釈」が無目的に読み取ることではなく、子供自身が読む際に主体的に働かせる〔思考力、判断力、表現力等〕の資質・能力を示すものであることを一層明確にしているのである。そう考えると、今までの授業では「今日は3の場面を読むよ」と、子供の思考・判断が入る余地なしで教師の指示する場面を読み取る学習となりがちだったものが、「作品の中であなたの心に最も強く訴えかけてきたことは何か？　その根拠を明らかにするためにはどのような情報と関連付けて読めばいいかも考えて読んでみよう」といった子供自身が言葉に着目する授業構想が容易になってくる。

イ 「構造と内容の把握」の趣旨をどうとらえるか

　もちろんその際、着目した場面だけしか読まないことを意味するのではない。そのためにこそ、「構造と内容の把握」の指導事項が意味をもつようになってくる。例えば高学年の文学的な文章における「構造と内容の把握」のイの指導事項には、「登場人物の相互関係や心情などについて、描写を基に捉えること」が示されている。一見すると、ただ無目的に内容の読み取りをすればよいようにとらえられるかもしれない。しかしこれはあくまでも〔思考力、判断力、表現力等〕の指導事項である。つまり、前掲のエの指導事項にあるように、子供自身が「人物像や物語などの全体像を具体的に想像したり、表現の効果を考えたり」できるようにするための前提となるプロセスで働く資質・能力が「登場人物の相互関係や心情などについて、描写を基に捉えること」である。そのため単に無目的に内容を読み取ればよいのではなく、作品の魅力を推薦するなどの目的を十分見通して、人物像や物語などの全体像を具体的に想像したり、表現の効果を考えたりすることに向けて、作品全体における登場人物の相互関係や心情などについて、描写を基にとらえることが重要になるのである。こうした趣旨を十分理解することが新しい学習指導要領を使いこなすために必要なこととなる。

❸単元構想の基礎となる、資質・能力の再ユニット化

　新学習指導要領の特徴を踏まえると、授業構想に当たってもう一つ重要なポイントが挙げら

れる。それは，〔思考力，判断力，表現力等〕の各領域の指導を行う際に，当該領域の指導事項に加えて，関連の深い〔知識及び技能〕の事項を，有機的に関連させられるようにすることである。

　例えば「A話すこと・聞くこと」について，平成10年版に遡ると，〔言語事項〕に示されていた「発音・発声」など，「話すこと・聞くこと」の指導に関連の深い事項を，20年版の改訂では，学習の過程を明確化する観点から，「A話すこと・聞くこと」の指導事項として示した。このことにより，「話すこと・聞くこと」のプロセスに係る能力が一通り「A話すこと・聞くこと」の指導事項として網羅されることとなっていた。そのため，「A話すこと・聞くこと」の指導事項と言語活動を見れば，「話すこと・聞くこと」の授業づくりがおよそできるようになっていたのである。これは「B書くこと」「C読むこと」についてもほぼ同様である。いわば，領域ごとに資質・能力がユニット化されていたと言えよう。

　これに対して今回の改訂では，育成を目指す資質・能力を明確にする観点から各教科等とも「知識及び技能」と「思考力，判断力，表現力等」を分けて内容を示すことが試みられた。国語科では例えば，現行の「A話すこと・聞くこと」の高学年には，「共通語と方言との違いを理解し，また，必要に応じて共通語で話すこと」が示されているが，改訂後は〔知識及び技能〕(3)に示されている。

　そのため，新学習指導要領をより効果的に使いこなすためには，例えば「A話すこと・聞くこと」の単元を構想するに当たっては，「A話すこと・聞くこと」の指導事項のみならず，話すこと・聞くことに関連の深い〔知識及び技能〕の事項を十分視野に入れることが必須になる。つまり，いったん〔知識及び技能〕と〔思考力，判断力，表現力等〕に分けて整理した資質・能力を，各領域の指導の充実のために再ユニット化することが，年間を見通して資質・能力を調和的に育む授業づくりの重要なプロセスになるのである。

　読むことであれば，授業のイメージを豊かに思い描くと，子供たち自身が自分の目的に応じて本や文章を選んで読み，それらを読んで考えを形成・表現し，互いの読みを共有するといった過程が浮かんでくることだろう。そのため，〔思考力，判断力，表現力等〕の「C読むこと」の指導事項に加えて〔知識及び技能〕の(1)「音読・朗読に関する事項」や(3)「読書に関する事項」なども常に念頭に置いて指導を構想することが重要になる。とりわけ，これからの社会を生きる子供たちにとって必要な読むことの資質・能力を育むためには，「読書に関する事項」を十分に生かすことが極めて有効なものとなる。

　もっと具体的に言うと，「C読むこと」の領域の中には，現行の「目的に応じた読書に関する指導事項」に当たる，本や文章を選んで読むという指導事項が位置付けられていない。しかしこれに当たるものとして，〔知識及び技能〕(3)に「読書に関する事項」がある。こうした事項を組み合わせた単元構想が極めて重要になるのである。

　中央教育審議会答申（平成28年12月）の別添資料2－3には，国語ワーキンググループが取

りまとめた「国語科における学習過程のイメージ」が示されている。ここにも「読むこと」については、「学習目的の理解（見通し）」、「選書」、「構造と内容の把握」、「精査・解釈」、「考えの形成」、「他者の読むことへの評価，他者からの評価」、「自分の学習に対する考察（振り返り）」、「次の学習活動への活用」という一連の学習の過程が明示されている。つまり、「C読むこと」の指導事項だけでは見えにくい、「選書」といった重要なプロセスで働く資質・能力を「読書に関する事項」などによって顕在化させることが大切なのである。

例えば高学年では、「読書に関する事項」は、〔知識及び技能〕の(3)オとして「日常的に読書に親しみ、読書が、自分の考えを広げることに役立つことに気付くこと」が示されている。説明文の学習指導に当たって、説明文教材を目的なく段落ごとに読み取らせて終わりにするのではなく、自分の知りたい情報などが詰まっている文章を自ら見付けて読み、情報を得て考えを広げる、そうした資質・能力を十分思い描いて授業構想することが重要になるのである。

また、これからの高度情報化社会を生きる子供たちにとっては、図鑑や事典などから情報を自ら得ていく検索の能力を身に付けることも非常に重要になる。新学習指導要領では、〔思考力，判断力，表現力等〕「C読むこと」の(2)に、各学年で学校図書館等を利活用して読むことの資質・能力を育むための言語活動を例示している。高学年では、「ウ　学校図書館などを利用し、複数の本や新聞などを活用して、調べたり考えたりしたことを報告する活動」が示されている。目的に応じて情報を検索して調べる学習を行うことができるようにするための基盤として、こうした言語活動を十分具体化することが望まれる。

❹「学びに向かう力，人間性等」の具体化

単元を構想する際にもう一つ忘れてはならないのが、教科目標及び学年目標にのみ示されている「学びに向かう力，人間性等」である。今回の改訂では、各教科等において育成を目指す資質・能力を「知識及び技能」、「思考力，判断力，表現力等」、「学びに向かう力，人間性等」の三つの柱によって整理することを試みている。国語科では前述のように、教科目標及び学年目標には三つの柱に対応した目標が示されているが、各学年の「2　内容」には、〔知識及び技能〕、〔思考力，判断力，表現力等〕の二つの柱に対応した内容のみが示されている。

そのため、単元において育成すべき資質・能力を明確にして授業を構想するためには、当該単元で取り上げて指導する〔知識及び技能〕と〔思考力，判断力，表現力等〕の指導事項等を明らかにすることに加えて、「学びに向かう力，人間性」に係る資質・能力を具体的に設定することが重要になる。

例えば高学年の学年目標(3)には「言葉がもつよさを認識するとともに、進んで読書をし、国語の大切を自覚して、思いや考えを伝え合おうとする態度を養う」ことが示されている。つまり国語科の「読むこと」の指導は、子供たちが「進んで読書を」する態度を養うことを目指すものとなる必要があり、こうしたことを具体的に目標として位置付けることが重要になる。

4 資質・能力を明確にした国語科の単元構想のステップと教材研究

　これまでに述べてきたことを踏まえて，国語科の単元構想の基本的なステップを整理してみよう。概括的に言えば，当該領域に関連する資質・能力を再ユニット化し，その中から当該単元では〔思考力，判断力，表現力等〕のどの領域のどの指導事項を取り上げるか，その際〔知識及び技能〕のどの事項を組み合わせて単元の指導目標とするのか，さらには学年目標等を元に「学びに向かう力，人間性等」の目標をどう具体化するかを明らかにしていくこととなる。

　その上で，それら当該単元で育成を目指す資質・能力をどんな言語活動を通して指導するかを明らかにすることとなる。

　つまり，目の前の子供の実態や各学校のカリキュラムに応じて，〔知識及び技能〕と〔思考力，判断力，表現力等〕の中から当該単元で必要な指導事項等を取り上げ，目指す「学びに向かう力，人間性等」を具体化し，質の高い言語活動を位置付けて単元を構想する。その際，単元のねらいを適切に見定められるよう，おおむね領域ごとに指導事項と，関連の深い〔知識及び技能〕等を集約しておくことが，新学習指導要領をより使いこなしやすくするための準備として重要になる。これが指導事項等を再ユニット化することの意義である。

　以下，より具体的なステップを検討していこう。

❶単元構想の基本ステップ

　これまで述べてきたような，新学習指導要領を十二分に生かした単元の授業構想は，次のようなステップで進めることが考えられる。

ア　指導事項等の確認
- 年間指導計画を基に，当該単元で取り上げて指導する〔知識及び技能〕，〔思考力，判断力，表現力等〕の指導事項等を確かめる。
- 子供の実態を振り返り，再ユニット化した系統表を基に，取り上げる指導事項等に修正の必要があるかどうかを判断し，取り上げる指導事項等を確定する。

イ　言語活動の選定
- 当該単元で指導する指導事項等を指導するのにふさわしい言語活動を選定したり設定したりする。
- 言語活動を教師自身が行ってみたり，モデルを作成したりするなどして，設定した言語活動が指導のねらいを実現できるものとなっているかを確認する。

ウ　単元の指導目標と評価規準等の確定
- 取り上げる指導事項等を基に，「学びに向かう力，人間性」に係る目標を含め，単元の指導目標を確定する。
- 指導目標に準拠し，言語活動を踏まえて単元の評価規準を設定する。

エ　単元全体に，課題解決の過程となる言語活動を位置付けて，指導過程を構想する

- 指導目標に掲げた資質・能力を身に付けることに向けて，子供自身が課題意識を自覚し，見通しをもって学ぶことができるよう，単元の導入を工夫する。
- 単元の展開部（いわゆる第二次）では，各単位時間の学習が単元に位置付けた言語活動に結び付くものとなるように学習過程を構成し，子供たちがめあてに向かって必要な知識や技能を獲得したり，主体的に思考・判断・表現したりできるようにする。
- 単元のゴールでは，身に付けた言葉の力を発揮して課題を解決するとともに，何ができるようになったかを振り返ることができるようにする。
- 単元の指導計画における具体の評価規準を設定し，単元の指導目標を実現するものとなっているか，ずれはないかを確認し，指導過程を確定する。

オ　単位時間の指導過程を構想する

- 単元の指導計画と評価規準に基づき，単元の指導目標を具体化した本時の指導目標を設定する。
- 単元に位置付けた言語活動と密接に結び付き，本時の指導目標を実現するのにふさわしい本時のめあてを設定する。
- 指導のねらいと学習のめあてを実現する本時の学習活動を構想した上で，学習活動の一つ一つが，子供にとって目的や必要性を十分自覚できるものとなっているかを確認する。
- 一人一人の子供を念頭に置き，指導上の留意点等を具体化する。
- 本時において子供のどのような姿が実現できればよいのかを考えて評価を具体化する。

❷質の高い言語活動を実現する教材研究のポイント

「教材研究」というと，文章教材を詳細に分析するというイメージが強いかもしれない。しかし，「話すこと・聞くこと」や「書くこと」領域では，教材文だけを詳細に分析して終わりにしてしまうことはないだろう。本来「読むこと」も同様である。教材とは，単元等において資質・能力を育むための媒体となるものである。国語科においては言語活動そのものが資質・能力を育むための教材となる。ここでは，従来の狭い意味での教材研究にとどまらず，質の高い言語活動を実現するための教材研究のポイントを挙げることとしたい。

ア　当該単元で育成を目指す資質・能力の明確な把握

従来は活動が目的化して，どのような力が付いたのか不明確だといった状況も見られてきた。しかしこうした状況に陥るのは，言語活動を重視しているからではなく，付けたい力が不明確であることが要因である場合が極めて多い。言語活動なしに，「この教材をこう読み取らせる」といった観点からのみ指導しても，読むことを苦手にしている子供ほどやはり「読めない」状況は続いてしまうのである。当該単元で育成を目指す資質・能力を明確に把握することは，教材研究を含む授業構想の基点である。

イ 言語活動の主体である子供が経験してきた学習や言語活動の把握

　言語活動の主体は子供である。ねらいや教材の側から見て適切な言語活動でも，子供の実態とかけ離れたものであっては，負担が大きくなるなどして効果を発揮できない。そこで，子供たちがこれまでに，どのような言語活動を経験してきたか，どのような学習を行ってきたかを十分把握する必要がある。

ウ 言語活動そのものの特徴分析

　社会科や理科同様，国語科も教材研究の対象は，教科書に載っている文章だけではない。本来，当該単元で取り上げる言語活動の吟味なしには授業を構想することが極めて難しくなる。「書くこと」で考えてみると，「作文を書く」といった把握にとどまらず，例えば「観察したことを記録する文章（観察記録文）を書く」などと言語活動を明確にすることが必要である。さらには，指導する内容が，「対象物を静的に詳しく観察して描写すること」であれば，植物などに関する観察記録文を書くこととなるだろうし，「変化や動きを描写すること」を指導したいなら，日頃飼育している動物を対象にしたり，一回の観察だけでなく継続的に観察記録を付けたりすることが考えられる。「読むこと」において，「いつもリーフレットで本を紹介する言語活動だけになってしまう」などと悩む場合があるが，リーフレット一つとっても，指導のねらいに応じてその構造は千差万別になる。指導のねらいと言語活動の特徴を吟味することで多彩な言語活動を構想することができるのである。

エ 教科書教材に対する，指導のねらいを観点とした分析

　例えば小学校5年生の教材として教科書に掲載されている「注文の多い料理店」が，高校国語総合の教科書にも掲載されている事例がある。当然，同じ作品を扱う場合も両者ではねらいが異なり，指導の在り方も異なる。つまり，指導のねらいの把握なしに「この教材ではこれを教える」などと固定的にとらえることはできないのである。

　読者として純粋に教材を読んだり分析したりするのみならず，授業者としてどの指導事項を指導するのか，言語活動とどう結び付けるのかなどを念頭に置きながら，教材をどのように生かすかを考える必要がある。

オ 並行読書材の選定

　文学研究においてある作品を取り上げる場合，比較対照するために他の作品を取り上げることが当然であるように，国語科の教材研究においても，教科書教材と関連する作品をどのように選定するかは極めて重要な教材研究内容である。近年，その実践の蓄積はめざましい。こうした教材研究は一層指導の効果を高めることにつながる。

（水戸部　修治）

Chapter 2

新学習指導要領・国語を使いこなす再ユニット化マトリックスと単元計画シート

再ユニット化のためのマトリックス

1 マトリックス作成の基本的な考え方

　Chapter 1で述べてきたように，新学習指導要領を使いこなす上で，再ユニット化は重要な手続きになる。ここでは，各学校等における小学校国語科の授業改善に資するものとなるよう，次のような観点から，再ユニット化のためのマトリックスを提案することとする。

❶単元で指導する指導事項等を確認するために用いる

　単元構想の基点となる指導のねらいの確定に当たっては，Chapter 1 ❸4の「❶単元構想の基本ステップ」で述べたように，年間指導計画に基づき，学習指導要領の当該学年の〔知識及び技能〕，〔思考力，判断力，表現力等〕の内容全体を見通すことが本筋である。しかし，より日常的に学習指導要領を踏まえた授業改善を推進しやすいよう，学習指導の実態に基づき，領域ごとに関連が深い内容をまとめたものが以下に示す表である。従って，特に関連の深い〔知識及び技能〕の欄は，固定的に考えず，適宜入れ替えたり追加したりすることが考えられる。

　なお「学びに向かう力，人間性等」に関する指導目標は，各学校等において単元ごとに具体化する必要があることから，学年目標も記載している。

❷領域ごとに作成する

　〔思考力，判断力，表現力等〕の「A話すこと・聞くこと」，「B書くこと」，「C読むこと」それぞれに，関連が深いと考えられる〔知識及び技能〕の事項を添えて作成した。そのため，同一の事項が複数の領域で取り上げられている場合もある。なお，〔知識及び技能〕の事項は3領域のいずれかに入るようにし，3領域ですべての事項を網羅できるようにしている。複数の領域の内容を有機的に組み合わせて構成する複合単元の場合は，双方の領域のマトリックスを参照してどの指導事項等を取り上げて指導するかを確認するとよい。

❸課題解決の過程となるよう指導事項等を再構成する

　3領域の指導事項は，学習過程の明確化を目指しているが，Chapter 1 ❸3で述べたように，「C読むこと」については，他領域にある「話題の設定」や「題材の設定」といった学ぶ目的を明確にするプロセスが明示的ではない。そこで〔知識及び技能〕の「読書」に関する事項がそれに代わる重要な役割を担う。そのため，「C読むこと」では，マトリックスの指導事項等の最上段に，「読書」に関する事項を特出しして置き，課題解決の過程を構築しやすいように再構成した。

2 再ユニット化のためのマトリックスの活用と形式例

❶当該単元で取り上げる指導事項等の重点化

pp.29～31に示すマトリックス（資料1～資料3）は，各領域の指導事項に，関連すると考えられる〔知識及び技能〕の事項を組み合わせたものである。これらを年間あるいは２学年間のスパンでバランスよく指導することが求められる。そのため，年間指導計画を見通した上で，当該単元で取り上げる該当領域の指導事項及び〔知識及び技能〕の事項を明確に把握することが大切になる。なお，複数領域を組み合わせて指導する複合単元の場合は，複数のマトリックスの指導事項等を見通して，当該単元で育成する資質・能力を明確に把握することが求められる。

❷言語活動の構想

　当該単元で指導する指導事項及び〔知識及び技能〕の事項が確定したら，その指導事項等を指導するために機能する質の高い言語活動を位置付けることが必要である。前述のような視点から教材研究を十分に行い，目の前の子供たちの実態に応じた言語活動を適切に位置付けることが大切になる。

授業づくりに向けた単元計画シートの活用と形式例

1　日々の授業改善を支える単元計画シートの活用

　授業改善をより日常的に行うための手立てとして，pp.32～34に例示するような単元計画シート（資料4，資料5）の活用が考えられる。形式や呼称は様々であるが，近年研究校や授業改善に取り組む地域などで活用されている。

2　単元計画シートの具体的形式例

　pp.32～33に例示する単元計画シート（資料4）は，当該単元で取り上げて指導する〔知識及び技能〕，〔思考力，判断力，表現力等〕の指導事項等を明確にした上で，そのねらいを実現するための言語活動とその特徴について，(1)どのような言語活動か，(2)どのような特徴をもつ言語活動か，(3)指導目標とどう結び付くかを明らかにするものとなっている。単元の指導計画と単位時間（本時）の指導計画には，学習のめあてとなる学習課題を記載する形を取っている。単元に位置付ける言語活動が単元の指導計画における学習課題となるが，各単位時間の学習課題を設定する際は，その言語活動と密接に結び付くようにすることがポイントである。項目の１～５までは単元構想時に，項目６は各単位時間の授業構想時に活用することが考えられる。
　なお，より日常的な授業改善を進めるために，さらに簡略化したものがp.34に例示した資料5である。

単元計画シート記入例

小学校国語科単元計画シート

1 単元名（教材名，並行読書材等）
自然の未来は君たちの未来 他，環境保護に関する解説書，事典等

2 当該単元で指導する主な指導事項等

	主な指導事項等（記号）
〔知識及び技能〕	(2)ア（情報と情報との関係）
〔思考力，判断力，表現力等〕 A話すこと・聞くこと	
B書くこと	イ（構成）
C読むこと	ウ（精査・解釈・説明文）

3 言語活動とその特徴
(1)どのような言語活動か
　環境保護についての情報を基に考えを整理し，解説文に書きまとめる。
(2)どのような特徴をもつ言語活動か
　環境保護の重要性や具体的な手立てについて，解説書や事典などを基に情報を得て考えをまとめ，自分が選んだ環境保護の方策について，解説する文章を書く。
(3)指導目標とどう結び付くか
　解説文に書くという目的を設定することで，Ｃウの「目的に応じて」「必要な情報を見付け」る力を育成するとともに，その目的となる解説文を書く際に，Ｂイの「筋道の通った文章となるように，文章全体の構成や展開を考える」力を育成する。また，筋道の通った文章を書くために，原因と結果との関係などについて改めて吟味して情報を整理することで，〔知識及び技能〕(2)アについて，子供たちの学ぶ必要感を喚起しながら育むことができる。

4 単元の指導目標
○解説文を筋道の通ったものにするために，原因と結果などの関係について理解し，書く材料を整理することができる。（知・技(2)ア）
○筋道の通った文章となるように，解説する文章全体の構成や展開を考えることができる。（Ｂウ）
○環境保護の方策について解説するために，文章と図表など多様な資料を結び付けるなどして，必要な情報を見付けることができる。（Ｃウ）
○自分の考えを明確に発信することに向けて，進んで情報を集めたり，その情報を関係付けて筋道立てて表現したりしようとすることができる。（学びに向かう力等）

5 単元の指導計画の概要（12時間扱い）

導入（2）	展開（8）			発展（2）
学習課題　環境保護についての情報を集め，解説文に書きまとめて発信しよう。				
・環境に関する現状を取り上げた資料を比較して読み，環境保護について解説する文章を書く必要性を確認する。 ・既習経験を基に，学習計画を立てる。	・目的に向けて，必要な情報が何かを明らかにする。 ・必要な情報を収集する。 ・集めた情報を吟味し，さらに必要な情報がないかを確認する。（本時）	・情報と情報との関係を確認し，解説文を書くための材料を整理する。 ・筋道の通った文章となるように，文章全体の構成を考える。 ・解説文に書きまとめる。		・文章を読み合い，意見を交流する。 ・学習のまとめをする。

6 本時の指導計画の概要（6／12）

導入	展開	まとめ
学習課題　解説文に書くための情報が不足していないかを確かめ，必要な情報をさらに集めよう。		
・単元全体の学習の見通しを確認する。 ・次時以降に解説文を書くことに向けて，本時の学習課題の意義を確認する。	・何をどのように解説するのかを確認し，そのための必要な情報が集まっているかを確かめる。 ・環境保護の方策を解説するという目的に向けて，情報収集の観点を確認する。（その方策をとる目的や意義を伝えるための材料があるか，方策の具体的手順を説明するための材料があるか，など） ・情報収集の観点に基づいて，グループで各自の集めている情報を吟味する。 ・不足している情報がある場合は，さらに情報を集める。	・次時，集めた情報をどのように構成するかを見通す。 ・最終的に不足している情報がないかを確かめる。

＊ pp.29〜34の 資料1 〜 資料5 のデータは，以下の専用URLからダウンロードできます。
・URL　http://meijitosho.co.jp/299314#supportinfo
・ユーザー名　299314
・パスワード　hqlapg56

（水戸部　修治）

資料1 再ユニット化マトリックス「A話すこと・聞くこと」編

	学年		小学校 第1・2学年	小学校 第3・4学年	小学校 第5・6学年
学年目標		知識及び技能	(1) 日常生活に必要な国語の知識や技能を身に付けるとともに、我が国の言語文化に親しんだり理解したりすることができるようにする。	(1) 日常生活に必要な国語の知識や技能を身に付けるとともに、我が国の言語文化に親しんだり理解したりすることができるようにする。	(1) 日常生活に必要な国語の知識や技能を身に付けるとともに、我が国の言語文化に親しんだり理解したりすることができるようにする。
		思考力,判断力,表現力等	(2) 順序立てて考える力や感じたり想像したりする力を養い、日常生活における人との関わりの中で伝え合う力を高め、自分の思いや考えをもつことができるようにする。	(2) 筋道立てて考える力や豊かに感じたり想像したりする力を養い、日常生活における人との関わりの中で伝え合う力を高め、自分の思いや考えをまとめることができるようにする。	(2) 筋道立てて考える力や豊かに感じたり想像したりする力を養い、日常生活における人との関わりの中で伝え合う力を高め、自分の思いや考えを広げることができるようにする。
		学びに向かう力,人間性等	(3) 言葉がもつよさを感じるとともに、楽しんで読書をし、国語を大切にして、思いや考えを伝え合おうとする態度を養う。	(3) 言葉がもつよさに気付くとともに、幅広く読書をし、国語を大切にして、思いや考えを伝え合おうとする態度を養う。	(3) 言葉がもつよさを認識するとともに、進んで読書をし、国語の大切さを自覚して、思いや考えを伝え合おうとする態度を養う。
(思考力,判断力,表現力等)	A 話すこと・聞くこと		(1) 話すこと・聞くことに関する次の事項を身に付けることができるよう指導する。		
		話す: 話題の設定／情報の収集／内容の検討	ア 身近なことや経験したことなどから話題を決め、伝え合うために必要な事柄を選ぶこと。	ア 目的を意識して、日常生活の中から話題を決め、集めた材料を比較したり分類したりして、伝え合うために必要な事柄を選ぶこと。	ア 目的や意図に応じて、日常生活の中から話題を決め、集めた材料を分類したり関係付けたりして、伝え合う内容を検討すること。
		話す: 構成の検討／考えの形成	イ 相手に伝わるように、行動したことや経験したことに基づいて、話す事柄の順序を考えること。	イ 相手に伝わるように理由や事例などを挙げながら、話の中心が明確になるよう話の構成を考えること。	イ 話の内容が明確になるように、事実と感想、意見とを区別するなど、話の構成を考えること。
		話す: 表現／共有	ウ 伝えたい事柄や相手に応じて、声の大きさや速さなどを工夫すること。	ウ 話の中心や話す場面を意識して、言葉の抑揚や強弱、間の取り方などを工夫すること。	ウ 資料を活用するなどして、自分の考えが伝わるように表現を工夫すること。
		聞く: 話題の設定（再掲）／情報の収集（再掲）	【再掲】ア 身近なことや経験したことなどから話題を決め、伝え合うために必要な事柄を選ぶこと。	【再掲】ア 目的を意識して、日常生活の中から話題を決め、集めた材料を比較したり分類したりして、伝え合うために必要な事柄を選ぶこと。	【再掲】ア 目的や意図に応じて、日常生活の中から話題を決め、集めた材料を分類したり関係付けたりして、伝え合う内容を検討すること。
		聞く: 構造と内容の把握／精査・解釈／考えの形成／共有	エ 話し手が知らせたいことや自分が聞きたいことを落とさないように集中して聞き、話の内容を捉えて感想をもつこと。	エ 必要なことを記録したり質問したりしながら聞き、話し手が伝えたいことや自分が聞きたいことの中心を捉え、自分の考えをもつこと。	エ 話し手の目的や自分が聞こうとする意図に応じて、話の内容を捉え、話し手の考えと比較しながら、自分の考えをまとめること。
		話し合う: 話題の設定（再掲）／情報の収集（再掲）／内容の検討（再掲）	【再掲】ア 身近なことや経験したことなどから話題を決め、伝え合うために必要な事柄を選ぶこと。	【再掲】ア 目的を意識して、日常生活の中から話題を決め、集めた材料を比較したり分類したりして、伝え合うために必要な事柄を選ぶこと。	【再掲】ア 目的や意図に応じて、日常生活の中から話題を決め、集めた材料を分類したり関係付けたりして、伝え合う内容を検討すること。
		話し合う: 話合いの進め方の検討／考えの形成／共有	オ 互いの話に関心をもち、相手の発言を受けて話をつなぐこと。	オ 目的や進め方を確認し、司会などの役割を果たしながら話し合い、互いの意見の共通点や相違点に着目して、考えをまとめること。	オ 互いの立場や意図を明確にしながら計画的に話し合い、考えを広げたりまとめたりすること。
(知識及び技能)	(1)	言葉の働き	ア 言葉には、事物の内容を表す働きや、経験したことを伝える働きがあることに気付くこと。	ア 言葉には、考えたことや思ったことを表す働きがあることに気付くこと。	ア 言葉には、相手とのつながりをつくる働きがあることに気付くこと。
		話し言葉	イ 音節と文字との関係、アクセントによる語の意味の違いなどに気付くとともに、姿勢や口形、発声や発音に注意して話すこと。	イ 相手を見て話したり聞いたりするとともに、言葉の抑揚や強弱、間の取り方などに注意して話すこと。	イ 話し言葉と書き言葉との違いに気付くこと。
		語彙	オ 身近なことを表す語句の量を増し、話や文章の中で使うとともに、言葉には意味による語句のまとまりがあることに気付き、語彙を豊かにすること。	オ 様子や行動、気持ちや性格を表す語句の量を増し、話や文章の中で使うとともに、言葉には性質や役割による語句のまとまりがあることを理解し、語彙を豊かにすること。	オ 思考に関わる語句の量を増し、話や文章の中で使うとともに、語句と語句との関係、語句の構成や変化について理解し、語彙を豊かにすること。また、語感や言葉の使い方に対する感覚を意識して、語や語句を使うこと。
		文や文章	カ 文の中における主語と述語との関係に気付くこと。	カ 主語と述語との関係、修飾と被修飾との関係、指示する語句と接続する語句の役割、段落の役割について理解すること。	カ 文の中での語句の係り方や語順、文と文との接続の関係、話や文章の構成や展開、話や文章の種類とその特徴について理解すること。
		言葉遣い	キ 丁寧な言葉と普通の言葉との違いに気を付けて使うとともに、敬体で書かれた文章に慣れること。	キ 丁寧な言葉を使うとともに、敬体と常体との違いに注意しながら書くこと。	キ 日常よく使われる敬語を理解し使い慣れること。
	(2)	情報と情報との関係	ア 共通、相違、事柄の順序など情報と情報との関係について理解すること。	ア 考えとそれを支える理由や事例、全体と中心など情報と情報との関係について理解すること。	ア 原因と結果など情報と情報との関係について理解すること。
		情報の整理		イ 比較や分類の仕方、必要な語句などの書き留め方、引用の仕方や出典の示し方、辞書や事典の使い方を理解し使うこと。	イ 情報と情報との関係付けの仕方、図などによる語句と語句との関係の表し方を理解し使うこと。
	(3)	伝統的な言語文化	ア 昔話や神話・伝承などの読み聞かせを聞くなどして、我が国の伝統的な言語文化に親しむこと。 イ 長く親しまれている言葉遊びを通して、言葉の豊かさに気付くこと。	ア 易しい文語調の短歌や俳句を音読したり暗唱したりするなどして、言葉の響きやリズムに親しむこと。 イ 長い間使われてきたことわざや慣用句、故事成語などの意味を知り、使うこと。	ア 親しみやすい古文や漢文、近代以降の文語調の文章を音読するなどして、言葉の響きやリズムに親しむこと。 イ 古典について解説した文章を読んだり作品の内容の大体を知ったりすることを通して、昔の人のものの見方や感じ方を知ること。
		言語活動例	(2) (1)に示す事項については、例えば、次のような言語活動を通して指導するものとする。		
			ア 紹介や説明、報告など伝えたいことを話したり、それらを聞いて声に出して確かめたり感想を述べたりする活動。	ア 説明や報告など調べたことを話したり、それらを聞いたりする活動。	ア 意見や提案など自分の考えを話したり、それらを聞いたりする活動。
				イ 質問するなどして情報を集めたり、それらを発表したりする活動。	イ インタビューなどをして必要な情報を集めたり、それらを発表したりする活動。
			イ 尋ねたり応答したりするなどして、少人数で話し合う活動。	ウ 互いの考えを伝えるなどして、グループや学級全体で話し合う活動。	ウ それぞれの立場から考えを伝えるなどして話し合う活動。

資料2 再ユニット化マトリックス「B書くこと」編

学年		小学校 第1・2学年	小学校 第3・4学年	小学校 第5・6学年
学年目標	知識及び技能	(1) 日常生活に必要な国語の知識や技能を身に付けるとともに，我が国の言語文化に親しんだり理解したりすることができるようにする。	(1) 日常生活に必要な国語の知識や技能を身に付けるとともに，我が国の言語文化に親しんだり理解したりすることができるようにする。	(1) 日常生活に必要な国語の知識や技能を身に付けるとともに，我が国の言語文化に親しんだり理解したりすることができるようにする。
	思考力，判断力，表現力等	(2) 順序立てて考える力や感じたり想像したりする力を養い，日常生活における人との関わりの中で伝え合う力を高め，自分の思いや考えをもつことができるようにする。	(2) 筋道立てて考える力や豊かに感じたり想像したりする力を養い，日常生活における人との関わりの中で伝え合う力を高め，自分の思いや考えをまとめることができるようにする。	(2) 筋道立てて考える力や豊かに感じたり想像したりする力を養い，日常生活における人との関わりの中で伝え合う力を高め，自分の思いや考えを広げることができるようにする。
	学びに向かう力，人間性等	(3) 言葉がもつよさを感じるとともに，楽しんで読書をし，国語を大切にして，思いや考えを伝え合おうとする態度を養う。	(3) 言葉がもつよさに気付くとともに，幅広く読書をし，国語を大切にして，思いや考えを伝え合おうとする態度を養う。	(3) 言葉がもつよさを認識するとともに，進んで読書をし，国語の大切さを自覚して，思いや考えを伝え合おうとする態度を養う。
B 書くこと (思考力，判断力，表現力等)	題材の設定 情報の収集 内容の検討	ア 経験したことや想像したことなどから書くことを見付け，必要な事柄を集めたり確かめたりして，伝えたいことを明確にすること。	ア 相手や目的を意識して，経験したことや想像したことなどから書くことを選び，集めた材料を比較したり分類したりして，伝えたいことを明確にすること。	ア 目的や意図に応じて，感じたことや考えたことなどから書くことを選び，集めた材料を分類したり関係付けたりして，伝えたいことを明確にすること。
	構成の検討	イ 自分の思いや考えが明確になるように，事柄の順序に沿って簡単な構成を考えること。	イ 書く内容の中心を明確にし，内容のまとまりで段落をつくったり，段落相互の関係に注意したりして，文章の構成を考えること。	イ 筋道の通った文章となるように，文章全体の構成や展開を考えること。
	考えの形成 記述	ウ 語と語や文と文との続き方に注意しながら，内容のまとまりが分かるように書き表し方を工夫すること。	ウ 自分の考えとそれを支える理由や事例との関係を明確にして，書き表し方を工夫すること。	ウ 目的や意図に応じて簡単に書いたり詳しく書いたりするとともに，事実と感想，意見とを区別して書いたりするなど，自分の考えが伝わるように書き表し方を工夫すること。 エ 引用したり，図表やグラフなどを用いたりして，自分の考えが伝わるように書き表し方を工夫すること。
	推敲	エ 文章を読み返す習慣を付けるとともに，間違いを正したり，語と語や文と文との続き方を確かめたりすること。	エ 間違いを正したり，相手や目的を意識した表現になっているかを確かめたりして，文や文章を整えること。	オ 文章全体の構成や書き表し方などに着目して，文や文章を整えること。
	共有	オ 文章に対する感想を伝え合い，自分の文章の内容や表現のよいところを見付けること。	オ 書こうとしたことが明確になっているかなど，文章に対する感想や意見を伝え合い，自分の文章のよいところを見付けること。	カ 文章全体の構成や展開が明確になっているかなど，文章に対する感想や意見を伝え合い，自分の文章のよいところを見付けること。
(知識及び技能) (1)	言葉の働き	ア 言葉には，事物の内容を表す働きや，経験したことを伝える働きがあることに気付くこと。	ア 言葉には，考えたことや思ったことを表す働きがあることに気付くこと。	ア 言葉には，相手とのつながりをつくる働きがあることに気付くこと。
	書き言葉	ウ 長音，拗音，促音，撥音などの表記，助詞の「は」，「へ」及び「を」の使い方，句読点の打ち方，かぎ（「 」）の使い方を理解して文や文章の中で使うこと。また，平仮名及び片仮名を読み，書くとともに，片仮名で書く語の種類を知り，文や文章の中で使うこと。	ウ 漢字と仮名を用いた表記，送り仮名の付け方，改行の仕方を理解して文や文章の中で使うとともに，句読点を適切に打つこと。また，第3学年においては，日常使われている簡単な単語について，ローマ字で表記されたものを読み，ローマ字で書くこと。	ウ 文や文章の中で漢字と仮名を適切に使い分けるとともに，送り仮名や仮名遣いに注意して正しく書くこと。
	漢字	エ 第1学年においては，別表の学年別漢字配当表（以下「学年別漢字配当表」という。）の第1学年に配当されている漢字を読み，漸次書き，文や文章の中で使うこと。第2学年においては，学年別漢字配当表の第2学年までに配当されている漢字を読むこと。また，第1学年に配当されている漢字を書き，文や文章の中で使うとともに，第2学年に配当されている漢字を漸次書き，文や文章の中で使うこと。	エ 第3学年及び第4学年の各学年においては，学年別漢字配当表の当該学年までに配当されている漢字を読むこと。また，当該学年の前の学年までに配当されている漢字を書き，文や文章の中で使うとともに，当該学年に配当されている漢字を漸次書き，文や文章の中で使うこと。	エ 第5学年及び第6学年の各学年においては，学年別漢字配当表の当該学年までに配当されている漢字を読むこと。また，当該学年の前の学年までに配当されている漢字を書き，文や文章の中で使うとともに，当該学年に配当されている漢字を漸次書き，文や文章の中で使うこと。
	語彙	オ 身近なことを表す語句の量を増し，話や文章の中で使うとともに，言葉には意味による語句のまとまりがあることに気付き，語彙を豊かにすること。	オ 様子や行動，気持ちや性格を表す語句の量を増し，話や文章の中で使うとともに，言葉には性質や役割による語句のまとまりがあることを理解し，語彙を豊かにすること。	オ 思考に関わる語句の量を増し，話や文章の中で使うとともに，語句と語句との関係，語句の構成や変化について理解し，語彙を豊かにすること。また，語感や言葉の使い方に対する感覚を意識して，語や語句を使うこと。
	文や文章	カ 文の中における主語と述語との関係に気付くこと。	カ 主語と述語との関係，修飾と被修飾との関係，指示する語句と接続する語句の役割，段落の役割について理解すること。	カ 文の中での語句の係り方や語順，文と文との接続の関係，話や文章の構成や展開，話や文章の種類とその特徴について理解すること。
	表現の技法	ア 共通，相違，事柄の順序など情報と情報との関係について理解すること。	ア 考えとそれを支える理由や事例，全体と中心など情報と情報との関係について理解すること。	ア 原因と結果など情報と情報との関係について理解すること。
(2)	情報と情報との関係		イ 比較や分類の仕方，必要な語句の書き留め方，引用の仕方や出典の示し方，辞書や事典の使い方を理解し使うこと。	イ 情報と情報との関係付けの仕方，図などによる語句と語句との関係の表し方を理解し使うこと。
	情報の整理	ア 昔話や神話・伝承などの読み聞かせを聞くなどして，我が国の伝統的な言語文化に親しむこと。	ア 易しい文語調の短歌や俳句を音読したり暗唱したりするなどして，言葉の響きやリズムに親しむこと。	ア 親しみやすい古文や漢文，近代以降の文語調の文章を音読するなどして，言葉の響きやリズムに親しむこと。
(3)	伝統的な言語文化	イ 長く親しまれている言葉遊びを通して，言葉の豊かさに気付くこと。	イ 長い間使われてきたことわざや慣用句，故事成語などの意味を知り，使うこと。	イ 古典について解説した文章を読んだり作品の内容の大体を知ったりすることを通して，昔の人のものの見方や感じ方を知ること。
	言葉の由来や変化		ウ 漢字が，へんやつくりなどから構成されていることについて理解すること。	ウ 語句の由来などに関心をもつとともに，時間の経過による言葉の変化や世代による言葉の違いに気付き，共通語と方言との違いを理解すること。また，仮名及び漢字の由来，特質などについて理解すること。
	書写	ウ 書写に関する次の事項を理解し使うこと。 (ｱ) 姿勢や筆記具の持ち方を正しくして書くこと。 (ｲ) 点画の書き方や文字の形に注意しながら，筆順に従って丁寧に書くこと。 (ｳ) 点画相互の接し方や交わり方，長短や方向などに注意して，文字を正しく書くこと。	エ 書写に関する事項を理解し使うこと。 (ｱ) 文字の組み立て方を理解し，形を整えて書くこと。 (ｲ) 漢字や仮名の大きさ，配列に注意して書くこと。 (ｳ) 毛筆を使用して点画の書き方への理解を深め，筆圧に注意して書くこと。	エ 書写に関する次の事項を理解し使うこと。 (ｱ) 用紙全体との関係に注意して，文字の大きさや配列などを決めるとともに，書く速さを意識して書くこと。 (ｲ) 毛筆を使用して，穂先の動きと点画のつながりを意識して書くこと。 (ｳ) 目的に応じて使用する筆記具を選び，その特徴を生かして書くこと。
	言語活動例	ア 事物の仕組みを説明した文章などを読み，分かったことや考えたことを述べる活動。 イ 読み聞かせを聞いたり物語などを読んだりして，内容や感想などを伝え合ったり，演じたりする活動。 ウ 学校図書館などを利用し，図鑑や科学的なことについて書いた本などを読み，分かったことなどを説明する活動。	ア 記録や報告などの文章を読み，文章の一部を引用して，分かったことや考えたことを説明したり，意見を述べたりする活動。 イ 詩や物語などを読み，内容を説明したり，考えたことなどを伝え合ったりする活動。 ウ 学校図書館などを利用し，事典や図鑑などから情報を得て，分かったことなどをまとめて説明する活動。	ア 説明や解説などの文章を比較するなどして読み，分かったことや考えたことを，話し合ったり文章にまとめたりする活動。 イ 詩や物語，伝記などを読み，内容を説明したり，自分の生き方などについて考えたことを伝え合ったりする活動。 ウ 学校図書館などを利用し，複数の本や新聞などを活用して，調べたり考えたりしたことを報告する活動。

資料3 再ユニット化マトリックス「C読むこと」編

	学年	小学校 第1・2学年	小学校 第3・4学年	小学校 第5・6学年
学年目標	知識及び技能	(1) 日常生活に必要な国語の知識や技能を身に付けるとともに、我が国の言語文化に親しんだり理解したりすることができるようにする。	(1) 日常生活に必要な国語の知識や技能を身に付けるとともに、我が国の言語文化に親しんだり理解したりすることができるようにする。	(1) 日常生活に必要な国語の知識や技能を身に付けるとともに、我が国の言語文化に親しんだり理解したりすることができるようにする。
	思考力、判断力、表現力等	(2) 順序立てて考える力や感じたり想像したりする力を養い、日常生活における人との関わりの中で伝え合う力を高め、自分の思いや考えをもつことができるようにする。	(2) 筋道立てて考える力や豊かに感じたり想像したりする力を養い、日常生活における人との関わりの中で伝え合う力を高め、自分の思いや考えをまとめることができるようにする。	(2) 筋道立てて考える力や豊かに感じたり想像したりする力を養い、日常生活における人との関わりの中で伝え合う力を高め、自分の思いや考えを広げることができるようにする。
	学びに向かう力、人間性等	(3) 言葉がもつよさを感じるとともに、楽しんで読書をし、国語を大切にして、思いや考えを伝え合おうとする態度を養う。	(3) 言葉がもつよさに気付くとともに、幅広く読書をし、国語を大切にして、思いや考えを伝え合おうとする態度を養う。	(3) 言葉がもつよさを認識するとともに、進んで読書をし、国語の大切さを自覚して、思いや考えを伝え合おうとする態度を養う。
(知識及び技能)(3)	読書	エ 読書に親しみ、いろいろな本があることを知ること。	オ 幅広く読書に親しみ、読書が、必要な知識や情報を得ることに役立つことに気付くこと。	オ 日常的に読書に親しみ、読書が、自分の考えを広げることに役立つことに気付くこと。
(思考力、判断力、表現力等) C 読むこと	構造と内容の把握	ア 時間的な順序や事柄の順序などを考えながら、内容の大体を捉えること。 / イ 場面の様子や登場人物の行動など、内容の大体を捉えること。	ア 段落相互の関係に着目しながら、考えとそれを支える理由や事例との関係などについて、叙述を基に捉えること。 / イ 登場人物の行動や気持ちなどについて、叙述を基に捉えること。	ア 事実と感想、意見などとの関係を叙述を基に押さえ、文章全体の構成を捉えて要旨を把握すること。 / イ 登場人物の相互関係や心情などについて、描写を基に捉えること。
	精査・解釈	ウ 文章の中の重要な語や文を考えて選び出すこと。 / エ 場面の様子に着目して、登場人物の行動を具体的に想像すること。	ウ 目的を意識して、中心となる語や文を見付けて要約すること。 / エ 登場人物の気持ちの変化や性格、情景について、場面の移り変わりと結び付けて具体的に想像すること。	ウ 目的に応じて、文章と図表などを結び付けるなどして必要な情報を見付けたり、論の進め方について考えたりすること。 / エ 人物像や物語などの全体像を具体的に想像したり、表現の効果を考えたりすること。
	考えの形成	オ 文章の内容と自分の体験とを結び付けて、感想をもつこと。	オ 文章を読んで理解したことに基づいて、感想や考えをもつこと。	オ 文章を読んで理解したことに基づいて、自分の考えをまとめること。
	共有	カ 文章を読んで感じたことや分かったことを共有すること。	カ 文章を読んで感じたことや考えたことを共有し、一人一人の感じ方などに違いがあることに気付くこと。	カ 文章を読んでまとめた意見や感想を共有し、自分の考えを広げること。
(知識及び技能)(1)	言葉の働き	ア 言葉には、事物の内容を表す働きや、経験したことを伝える働きがあることに気付くこと。	ア 言葉には、考えたことや思ったことを表す働きがあることに気付くこと。	ア 言葉には、相手とのつながりをつくる働きがあることに気付くこと。
	語彙	オ 身近なことを表す語句の量を増し、話や文章の中で使うとともに、言葉には意味による語句のまとまりがあることに気付き、語彙を豊かにすること。	オ 様子や行動、気持ちや性格を表す語句の量を増し、話や文章の中で使うとともに、言葉には性質や役割による語句のまとまりがあることを理解し、語彙を豊かにすること。	オ 思考に関わる語句の量を増し、話や文章の中で使うとともに、語句と語句との関係、語句の構成や変化について理解し、語彙を豊かにすること。また、語感や言葉の使い方に対する感覚を意識して、語や語句を使うこと。
	表現の技法			ク 比喩や反復などの表現の工夫に気付くこと。
	音読、朗読	ク 語のまとまりや言葉の響きなどに気を付けて音読すること。	ク 文章全体の構成や内容の大体を意識しながら音読すること。	ケ 文章を音読したり朗読したりすること。
(知識及び技能)(2)	情報と情報との関係	ア 共通、相違、事柄の順序など情報と情報との関係について理解すること。	ア 考えとそれを支える理由や事例、全体と中心など情報と情報との関係について理解すること。	ア 原因と結果など情報と情報との関係について理解すること。
	情報の整理		イ 比較や分類の仕方、必要な語句などの書き留め方、引用の仕方や出典の示し方、辞書や事典の使い方を理解し使うこと。	イ 情報と情報との関係付けの仕方、図などによる語句と語句との関係の表し方を理解し使うこと。
(知識及び技能)(3)	伝統的な言語文化	ア 昔話や神話・伝承などの読み聞かせを聞くなどして、我が国の伝統的な言語文化に親しむこと。 / イ 長く親しまれている言葉遊びを通して、言葉の豊かさに気付くこと。	ア 易しい文語調の短歌や俳句を音読したり暗唱したりするなどして、言葉の響きやリズムに親しむこと。 / イ 長い間使われてきたことわざや慣用句、故事成語などの意味を知り、使うこと。	ア 親しみやすい古文や漢文、近代以降の文語調の文章を音読するなどして、言葉の響きやリズムに親しむこと。 / イ 古典について解説した文章を読んだり作品の内容の大体を知ったりすることを通して、昔の人のものの見方や感じ方を知ること。
	言語活動例	ア 事物の仕組みを説明した文章などを読み、分かったことや考えたことを述べる活動。 / イ 読み聞かせを聞いたり物語などを読んだりして、内容や感想などを伝え合ったり、演じたりする活動。 / ウ 学校図書館などを利用し、図鑑や科学的なことについて書いた本などを読み、分かったことなどを説明する活動。	ア 記録や報告などの文章を読み、文章の一部を引用して、分かったことや考えたことを説明したり、意見を述べたりする活動。 / イ 詩や物語などを読み、内容を説明したり、考えたことなどを伝え合ったりする活動。 / ウ 学校図書館などを利用し、事典や図鑑から情報を得て、分かったことなどをまとめて説明する活動。	ア 説明や解説などの文章を比較するなどして読み、分かったことや考えたことを、話し合ったり文章にまとめたりする活動。 / イ 詩や物語、伝記などを読み、内容を説明したり、自分の生き方などについて考えたことを伝え合ったりする活動。 / ウ 学校図書館などを利用し、複数の本や新聞などを活用して、調べたり考えたりしたことを報告する活動。

資料４　小学校国語科単元計画シート

小学校国語科単元計画シート

1　単元名（教材名，並行読書材等）

2　当該単元で指導する主な指導事項等

		主な指導事項等（記号）
〔知識及び技能〕		
〔思考力，判断力，表現力等〕	A話すこと・聞くこと	
	B書くこと	
	C読むこと	

3　言語活動とその特徴

(1)どのような言語活動か

(2)どのような特徴をもつ言語活動か

(3)指導目標とどう結び付くか

4　単元の指導目標

5　単元の指導計画の概要（　　時間扱い）

導　入	展　開	発　展
学習課題		

6　本時の指導計画の概要（　　／　　）

導　入	展　開	まとめ
学習課題		

資料5　小学校国語科単元計画シート（新学習指導要領版）

小学校国語科単元計画シート（新学習指導要領版）

1　取り上げる教材

（単元として指導する教材を書きましょう。1つの場合もあれば，複数の場合もあります。自作教材を活用する場合もあります。）

2　主な指導事項等

〔知識及び技能〕

〔思考力，判断力，表現力等〕

3　言語活動（どんな言語活動を位置付けるかを書きましょう。）

4　単元名

5　単元の指導計画の概要（　　時間扱い）

導　入	展　開	発　展

6　本時の指導計画の概要（　／　）

導　入	展　開	まとめ

Chapter 3

「質の高い言語活動」を位置付けた新学習指導要領・国語科の授業づくりガイド

12事例の見方・使い方　10のポイント

本章では学年・領域別の12事例をご紹介しています。1事例の構成は以下の通りです。

ポイント1 単元名
子供たちが取り組みたくなるような単元名を示しています。言語活動や付けたい力がイメージできるような単元名を，各執筆者が工夫して付けています。

ポイント2 単元の指導目標
新学習指導要領の指導事項等を基に書き表しています。（　）にはどの指導事項等に係る目標かが分かるように記号を示しています。

> 知・技(1)ア，ウ　→　〔知識及び技能〕(1)ア及びウを基にした目標
> 書くこと　エ　→　〔思考力，判断力，表現力等〕「B書くこと」エを基にした目標
> 学びに向かう力等　→　単元で養う国語科の「学びに向かう力，人間性等」に関わる目標

単元の評価規準
観点別に単元で評価する資質・能力を具体的に記述しています。観点の名称は，平成28年12月の中央教育審議会答申時点での例示によるものです。（　）には，どの指導事項等に対応するのかが分かるように記号を示しています。

ポイント3 単元について
子供の実態や指導のポイントなどを記載しています。子供の実態には，当該単元と同じ系統の前の単元（「話すこと・聞くこと」の事例なら，その前までの「話すこと・聞くこと」の学習）での実態や身に付いた力を中心に記載し，本単元で重点的に育成を目指す資質・能力を明らかにするようにしています。
また指導のポイントには，単元構想の特徴や指導のコツを解説しています。

1ページ目

2ページ目

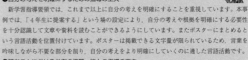

| ポイント4 新指導要領対応ガイド | 新学習指導要領を具体化した授業づくりを行うに当たっての，本事例の意義や特長を，編者の立場から解説しています。授業づくりの際の参考にしてください。 |

| ポイント5 言語活動とその特徴 | 単元全体に位置付けた言語活動とその特徴を解説しています。言語活動は，単元の指導のねらいを実現するために位置付けるものです。指導のねらいが異なれば言語活動も変えなければなりません。そのため，言語活動の形だけを提示するのではなく，どのようなねらいを実現するためにどのような特徴をもった言語活動を位置付けているのかを図解するなどして具体的に解説しています。 |

| ポイント6 単元の指導計画 | 言語活動のステップと単元の指導過程をイラスト付きで解説しています。せっかく言語活動を工夫しても，子供たちの学びの意識とは無関係に学習を進めようとするとうまくいきません。導入時には子供が言語活動を行う価値や必要性を意識できるような工夫が様々になされています。また展開部でも，単元全体に位置付けた言語活動を行っていくことを常に意識できるような工夫がなされています。単元全体が子供にとっての課題解決の過程となるようにしているのです。 |

3ページ目

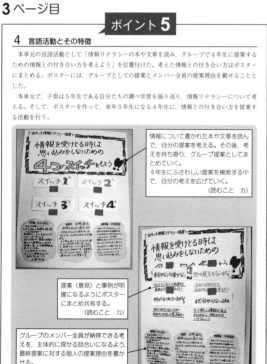

4ページ目

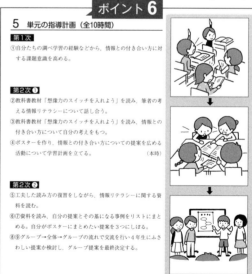

Chapter3 「質の高い言語活動」を位置付けた新学習指導要領・国語科の授業づくりガイド

ポイント7 本時の ねらい ・展開	単元展開の中で，本時のねらいと学習指導をどう進めるかを書き表しています。本時のねらいの末尾には，対応する指導事項等を（　　）内に記号で示しています。 本時の展開には，本時の学習指導の内容を，学習指導案の形式で記載しています。
ポイント8 本時の 板書例・ 実物資料	本時の学習指導に用いるワークシートやメモ，板書例等などの資料も具体的に掲載しています。

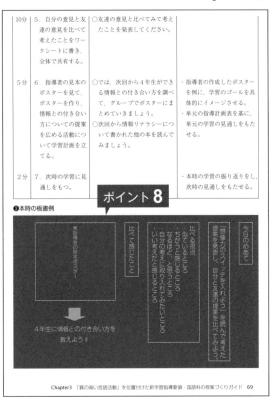

ポイント9 主体的・対話的で深い学びにつながる指導のポイント	具体的な声かけ，個に応じた手立て，掲示物の写真など，指導の工夫を豊富に提示しています。 学級の子供の実態等に応じた指導の工夫の参考にしてください。
ポイント10 主体的・対話的で深い学びにつながる評価のポイント	目標に準拠した評価を行う上で，どのような子供の学びの姿が見られればよいのかを例示したり，それらをどのように評価するのかを例示したりしています。 言語活動を通して表現される子供たちの資質・能力を的確に評価し，さらなる指導の改善に生かす際の参考にしてください。

7ページ目

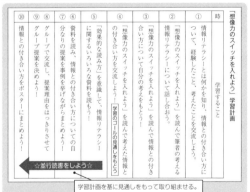

8ページ目

第5学年の授業づくり　話すこと・聞くこと

 「わかたけ会」にお招きしたい方をすいせんしよう

【時間数】全8時間・【教材名】すいせんします（光村図書5年）

1　単元の指導目標

○思考に関わる語句の量を増し，話の中で使うことで語彙を豊かにするとともに，語感や言葉の使い方に対する感覚を意識して，語や語句を使う。　　　　　　　　　　　　　（知・技(1)オ）
○人物を推薦するために必要な情報を集め，選択したり関連のあることをまとめたりするとともに，聞き手に採用を促すために話の構成を工夫する。　　（話すこと・聞くこと　ア，イ）
○「わかたけ会」にお招きしたい方をよりよく推薦することに関心をもち，その方のよさを見付けて推薦理由を明確にしようとしている。　　　　　　　　　　　（学びに向かう力等）

2　単元の評価規準

知識・技能	思考力・判断力・表現力等	主体的に学習に取り組む態度
・推薦するために必要となる語句の量を増し，推薦スピーチの中で使うことで語彙を豊かにするとともに，語感や言葉の使い方に対する感覚を意識して，語や語句を使っている。 （知・技(1)オ）	「A話すこと・聞くこと」 ・人物を推薦するために必要な情報を集め，選択したり関連のあることをまとめたりして推薦理由を明確にしている。 （ア） ・推薦する人物のよさが明確になるように，推薦理由や適切なエピソードを入れたりして，推薦スピーチの構成を考えている。 （イ）	・人物を推薦するために対象者の特徴を様々な視点から挙げた上でそのよさを整理し，目的に照らして適切に推薦理由などが挙げられているかを確かめようとしている。

3 単元について

❶総合的な学習の時間と結び付けた単元開発

本単元は，総合的な学習の時間「レッツわかたけトライアル」が出発となった。「どんな6年生になりたいのか」みんなで出し合い，自分たちが理想とする6年生になるためにはどうすればよいのか考えた。切実感があるため，解決方法についても様々な意見が出され，意欲的に学習に取り組もうとする姿が見られた。解決方法の一つとして挙がったのが，

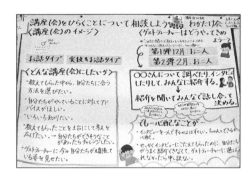

「ゲストティーチャーをお招きして教えてもらう」というものだった。ゲストティーチャー候補は10名いたが，全員をお招きすることは難しいため，推薦大会を行い，お招きする4名を決定しようということになった。

❷課題解決的な学習を通して，確かな言葉の力を身に付ける学びづくり

子供は「みんなに『ぜひ○○さん（自分たちが推薦する方）にゲストティーチャーとして来てほしい』と言ってもらえるように推薦したい」という課題意識をもって学習を進める。

特に話の構成は重要なポイントになると考える。よりよい推薦にするために，選択した情報を基に，話の構成を考える時間は，対話的に学習を進める。グループでの対話の中で，聞き手のニーズや会の目的などを考慮し，効果的な構成について検討していく。これらの学習を通して，構成を工夫したり，ふさわしい言葉を使ったりして，聞き手の印象に残るように話す力を身に付けていくことを目指す。

新学習指導要領対応ガイド

❶子供自身の課題意識を重視した指導の工夫

指導事項Aアは，話題の設定や情報の収集等に関するものです。この資質・能力の確実な育成のためには，子供自身が必要性や価値を十分実感できる課題設定が重要になります。本実践では，総合的な学習の時間との関連を効果的に図り，課題意識を高める導入を工夫しています。

❷推薦スピーチの特徴や要件の明確化

推薦のスピーチを位置付けた実践です。「言語活動とその特徴」にあるように，押さえるべき特徴や必要な要件をはっきりさせた教材研究が行われています。とりわけ本実践では，推薦対象が人物なので，何を推薦理由として検討するかをはっきりさせておくことが不可欠です。

❸必要性を実感できる状況を生かした語彙指導の充実

推薦スピーチを行うという言語活動を生かして，必要な推薦の語彙を集めたり選んだりできるように工夫しています。

4 言語活動とその特徴

「わかたけ会」にお招きしたい方をみんなに推薦するために，本単元では，「人物を推薦する」言語活動を位置付けた。人物を推薦するためには，インタビューなどで収集した情報を関連付けて考える必要がある。よって「A話すこと・聞くこと ア」の力が身に付くと考えた。また，採用を促す推薦にするためには，客観的な根拠を挙げたり，話の構成や使用する語彙について考えたりする必要がある。よって「A話すこと・聞くこと イ」の力が身に付くと考えた。

【人物を推薦するとは】

推薦とは，他の人に自分がよいと思う事物や人物を薦めることである。採用を促す推薦にするためには，以下の4点が欠かせないと考える。

①聞き手について分析する。
  ・聞き手のニーズ
  ・聞き手にとってのメリット　など

②客観的な根拠を挙げる。
  ・推薦したい人と関わってみて（自分の体験・感想）
  ・推薦したい人についての周りの評価
  ・推薦したい人の具体的なエピソード
  ・推薦したい人のこれまでの実績や経験　など

③話の構成について考える。
  ・インパクトのある情報を，どのような順で話したらよいか考える。

④使用する語彙について考える。
  ・通販番組等から推薦語彙を収集する。

〈推薦語彙〉
  ・〜はずです
  ・○○さんであれば
  ・評判
  ・ぴったり
  ・ぜひ
  ・すてき
  ・〜しかありません
  ・〜にまちがいありません
  ・○○さんをおいて他にいません
  ・○○さん以外に考えられません
  ・○○さんが△△になったら，〜にちがいありません　など

5 単元の指導計画（全8時間）

第1次
活動のゴールをイメージし，学習課題・学習計画を設定する。
①自分が推薦する方を決める（3人で一人の方を推薦）。
　推薦で盛り込むべき内容について考える。
　みんなに採用してもらえるように推薦するための学習をイメージする。

第2次
必要な情報を選択し，関連のあることをまとめる。
②情報を収集する視点について考える。
　（※情報収集は総合的な学習の時間で行う）
③関連する情報をまとめる。
　推薦理由を明確にする。

第3次
話の構成や使用語彙について考える。
④聞き手のことを考え，話す順番を考える。　　　　　（本時）
　収集した情報の他にどのような情報が必要か考える。
　（※情報収集は総合的な学習の時間で行う）
⑤推薦にふさわしい言葉を使って，スピーチ原稿を書く。

第4次
推薦大会をし，単元全体を振り返る。
⑥推薦の練習を行う。
　練習の様子をタブレットで撮影し，改善する。
⑦推薦大会を行う。
　推薦を聞いて質問する。
⑧「わかたけ会」にお招きする方を話し合って決める。
　単元全体の振り返りを行う。

6　本時の学習（本時4／8時）

❶本時のねらい

みんなに採用してもらえる推薦にするために，効果的な話の構成について聞き手のことを意識して考え，工夫することができる。また，よりよい推薦にするために，今後どのような情報を集める必要があるのか考えることができる。　　　　　　　　（話すこと・聞くこと　イ）

❷本時の展開

時間	学習活動と内容	基礎的指導（○）と 補充的・発展的指導（◎），評価
2分	1．本時のめあてを確認する。 「○○さんに来てほしい！」とみんなに言ってもらえる推薦にするために，どのような順序で話すと効果的か考えよう。	
3分	2．聞き手が推薦を聞くときの状況を確認する。 ◇1時間の中でたくさんの推薦を聞く。 ◇立派な6年生になりたいという思いを強くもっている。 ◇ゲストティーチャーとしてお招きすることは貴重な機会なので，推薦者の話を真剣に聞いている。	説得力のある推薦にするために，聞き手のことを考えながら，効果的な話の構成について話し合い，話す順にカードや付箋を並び替えたり，さらに収集したい情報について選び出したりしている。 （話・聞 イ） （カードや付箋の配置，振り返りの記述）
25分	3．聞き手に採用してもらう推薦にするためには，どのような構成がよいかグループの友達と話し合う。 ・聞き手のことを考えること 【聞き手のことを考えるとは】 ◇聞き手のニーズについて考えている。 ◇聞き手にとってのメリットを考えて	○聞き手のことを考えながら話ができるように，自分が他の人の推薦を聞くとき，どんなことを意識して聞くか思い浮かべてみるように助言する。 ○様々な角度からよりよい構成について考えられるように，いろいろな構成パターンと比べることを確認する。 ○並び替えたカードや付箋を見ながら，推

		いる。 ◇聞き手が自分たちの話を聞くときのことを思い浮かべている。 ◇どのような順で話すと，聞き手に推薦する方のよさがしっかりと伝わるか考えている。	薦するように話してみることを促し，子供が実際に話すときのことをイメージして考えることができるようにする（同じグループで聞き手役を決め，実際に話を聞いてみて，どの構成パターンが最も説得力があるのか考える）。 ◎効果的な構成について考えることが難しいグループには，視聴したテレビ番組の映像を想起させ，「最もインパクトのある内容」や「他の方にはない◯◯さんならではのよさ」を１つ目の理由にすると，聞き手の印象に残る推薦になるのではないかということに気付けるようにする。
		・なぜこの順序がよいのか理由を述べること ・話す順番にカードや付箋を並び替えること ・付け足したい情報がある場合は付箋に書くこと	
10分		4．推薦理由をより説得力のあるものにするために，これからどのような情報を収集する必要があるか考える。 ・再取材で聞く内容	○構成を考えた後，「これらの情報とこの構成で，聞き手に採用を促す推薦ができそうか」と問いかけ，子供が再取材の必要性に気付けるようにする。 ◎再取材のときに聞く項目が決まったグループには，一問一答のようなインタビューにならないように，聞く順序や関連する話題などについても考えるように声をかける。
5分		5．学習の振り返りをする。 〈振り返りの視点〉 ・この構成にした理由 ・再取材して収集したいと思っている情報について	○振り返りの視点に沿って書くことを確認する。

7　主体的・対話的で深い学びにつながる指導と評価のポイント

❶指導のポイント

主体的な学び

★学んだことや身に付いた資質・能力を自覚し，次の学習や実生活につなげる。

- 毎時間の学習の最後には，必ず振り返りを書く時間を設定し，本時で身に付ける力に沿った振り返りを行う。
- 子供が身に付いた力を発揮できる場を設定する。

対話的な学び

★実社会で働く人などから学んだり，直接話したりすることで，自分の考えを広げる。

- インタビューに向けての準備を行う。

  ＊挨拶の仕方
  ＊質問内容
  ＊質問する順番
  ＊新たな質問が生まれたときの聞き方
  ＊話の聞き方
  ＊メモの取り方
  ＊話がずれてしまったときの対応の仕方　など

- 必要に応じて再取材を行う。

★互いの考えについて意見交換したり，議論したりすることを通して，新たな考え方に気付いたり，自分の考えを深めたりする。

- グループで，推薦に必要な情報を選んだり，話す順番について考えたりする。
- 推薦練習の様子をタブレットで撮影し，アドバイスし合う。

> 深い学び

★目的に応じて細かい点まで詳しく調べながら自分の考えを形成したり，相手の状況に応じて互いの考えを伝え合ったりすることを通して，集団としての考えを深める。

・収集した情報を分類したり，自分が既にもっている知識と関連付けたりすることを通して，自分の考えの形成に生かす。

❷評価のポイント

子供の振り返りの記述は，以下の通りである。

話すところを実際にタブレットで録画して，見直してみました。自分では，ゆっくり話しているつもりだったけど，速くて，あれでは聞いている人に，伝えたいことがしっかり伝わらないなと思いました。自分がすごくゆっくりだなと思うくらいが，聞いている人にはちょうどいいと分かりました。これからたてわり班などで，大勢の前で話すときはそこを意識していきたいです。

この単元が始まるときに，子供は「大勢の前で自信をもって話せるようになりたい」と話していた。

5年生の後半は，5年生が中心となって行う全校的な活動が増えるため，大勢の前で話す機会も増える。

本単元で身に付けた「聞き手のニーズや目的に応じて話す力」を，3学期の縦割り班活動でさっそく生かしたいと，多くの子供が振り返りに書いていた。

（舛元　夕子）

第5学年の授業づくり　書くこと

福山市　何もないとは言わせない！
新涯小　5年生からのPR

【時間数】全13時間・【教材名】天気を予想する，グラフや表を用いて書こう（光村図書5年）
【関連教材】大好き！福山（副読本）

1　単元の指導目標

○文章の種類や特徴について理解することができる。　　　　　　　　　　　　　（知・技(1)カ）
○読書が自分の考えを広げる際に役立つことに気付くことができる。　　　　　　（知・技(3)オ）
○目的や意図に応じて必要な材料を集めて伝えたいことを明確にするとともに，事実と感想，意見とを区別して書いたり，必要性を明確にしてグラフなどの資料を用いたりするなど，自分の考えが伝わるように書き表し方を工夫することができる。　　　　（書くこと　ア，ウ，エ）
○必要な情報かどうかを判断するため，いろいろな資料について全体の構成をとらえて要旨をまとめるとともに，目的に応じて文章と図表などを結び付けるなどして必要な情報を見付けたり，筆者の論の進め方について考えたりすることができる。　　　　　（読むこと　ア，ウ）
○必要性を十分意識して文章や資料を選んで読み，自分の表現に生かそうとしたり，目的や意図に応じて情報を適切に選んで書こうとしたりしている。　　　　　　　　　（学びに向かう力等）

2　単元の評価規準

知識・技能	思考力・判断力・表現力等		主体的に学習に取り組む態度
・魅力を解説する文章やリーフレットなどの文章の種類に応じた構成や展開の仕方の特徴について理解している。 （知・技(1)カ） ・目的に応じて複数の資料を比べて読み，読書が自分の考えを広げる際に役立つことに気付いている。 （知・技(3)オ）	「B書くこと」 ・市の魅力を多くの人に向けて解説するために，必要な材料を集めて伝えたいことを明確にしている。 （ア） ・魅力が具体的に伝わるように，事例を明確に書いている。 （ウ） ・魅力を伝える上で効果的な資料を用いて書いている。　（エ）	「C読むこと」 ・必要な情報かどうかを判断するため，いろいろな資料について全体の構成をとらえて要旨をまとめている。 （ア） ・魅力を解説するため，文章と図表などを結び付けるなどして必要な情報を見付けたり，筆者の論の進め方について考えたりしている。 （ウ）	・必要性を十分意識して文章や資料を選んで読み，自分の表現に生かそうとしたり，目的や意図に応じて情報を適切に選んで書こうとしたりしている。

3 単元について

❶子供について

　子供は，第5学年の説明的文章「生き物は円柱形」で筆者の主張と事例との関係を押さえるとともに，筆者が文章を書いた意図を考え，自分の考えをもつことを目指して学習した。その結果，要旨とらえたり，主張と事例との関係を押さえて自分の考えをもったりすることができるようになってきた。しかし，筆者がどのような方法で自分の考えに論理性をもたせたり，読み手を説得しようとしたりしているか等，筆者の思考を想定しながら自分の考えを明確にする力は十分ではない。また，「平成28年度広島県基礎・基本定着状況調査」の，「進んで資料を集めたり取材をしたりしていますか」の項目に肯定的評価を行った子供が県平均を下回っていたという結果から，目的に応じて情報を収集し，集めた情報を自分の主張の根拠となるように整理する力も今後重点的に育成することが必要な状況である。

❷単元について

　本単元は，教科書で2つの単元として示されている。「天気を予想する」では「読むこと」，「グラフや表を用いて書こう」では「書くこと」の力の育成をねらっている。しかし「読む学習」の後で書くための課題や自らの伝えたいこと，用いるデータを探す活動を行うと，教材のよさや特性を活用しにくい。さらには，「単元全体を子供の課題解決の過程にする」「学びの活用を実感させる」「主体的に学ぶ意識を重視する（書くために読む，読んだことを基に書く）」といった観点からも，2つの教材を複合させて1つの単元とし，単元を通して言語活動を設定することは有効であると考える。

新学習指導要領対応ガイド

❶課題意識を喚起する導入の工夫

　自分たちの市の魅力を多くの人に伝えようという学習のめあてに向かって，単元の導入時に一度解説文を書いてみる学習過程を位置付けています。このことで，子供たちが解説文をよりよく書くために，教科書教材を読んで解説文の書き方を学ぶ必要があるという実感をもてるようにしています。

❷読むことと書くことの有機的な関連を図った単元構成

　読むことと書くことの学習を組み合わせることで，必要な情報を得るために読むなど，「目的に応じて」読み，考えを明確にして書く能力を確実に育成できるようにしています。

❸地域素材の開発

　教科書教材をアレンジして，地域性を生かした単元を工夫しています。自分たちが住む地域に目を向け，そこに住む子供たちだからこそ発想できる考えを明確にしたり，具体的な事例を見付けて筋道立てて述べたりできるようにしています。

4 言語活動とその特徴

　本単元を通した言語活動として，新聞や書物，家族からの聞き取りやインターネットで検索した情報等を基に，福山市のもつ魅力を見付け，その魅力をPRするためのリーフレットを作るという活動を位置付けた。作ったリーフレットは新聞に投書したり，公共の場に掲示したりして，自らの考える福山市の魅力を不特定多数の人にPRしていく。リーフレットは福山市の魅力を解説した文章（解説文）とキャッチコピー，タイトルで構成する。

　本単元における解説文とは，福山市の魅力についての意見を主観的に述べる意見文ではなく，自らが調べたことに説得力をもたせるための工夫をした文章である。具体的な工夫として，次の3点を挙げる。

　①文章構成
　②伝えたいことに説得力をもたせるための事例の提示
　③効果的な図やグラフの活用

　これらの工夫を教材文から読んだり，読んだことを活用して書いたりすることを通して，本単元でねらう「要旨を把握」してその情報を活用したり，「目的に応じて論の進め方について考えたりすること」（読むこと　ア，ウ）「読書が自分の考えを広げること」（知・技(3)オ）に気付いたりするとともに，「考えたことから書くことを選び，自分の考えを明確に表現するために書く事柄を収集し，文章全体の構成を考えて書くこと」（書くこと　ア，イ）を実現することができる。さらに，本言語活動を通して，「目的に応じ，順序やまとまりを考えて情報を整理し，自分の思いや考えを適切な言葉で表現する」資質・能力を高めることができると考える。

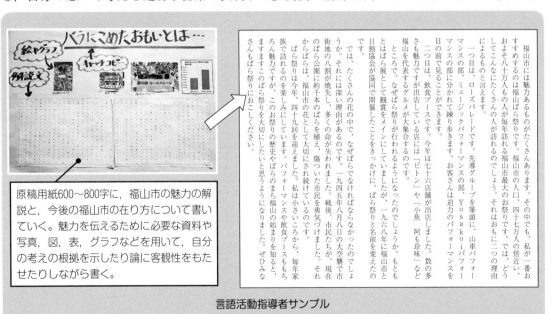

言語活動指導者サンプル

5　単元の指導計画（全13時間）

第1次
①市制100周年の節目の年に，「今の福山市の魅力をまとめ，これからもよりよい福山市にしていく」とのテーマでリーフレットを作るというめあてを設定し，学習の見通しをもつ（まず書いてみる）。
②学習計画を立てるとともに，解説したい魅力を決めるため，新聞や「大好き！福山」（副読本），自分の体験等を交流する。

第2次❶　（「読むこと」領域）
③自分の解説文を書くために「筆者の主張」や「筆者の工夫」を教材文から読む。
④自分の解説文を説得力のあるものにするために，筆者の構成の工夫・意図を教材文から読む。
⑤自分の解説文を説得力のあるものにするために，写真，図，表，グラフと文章の関連や効果について読む。
⑥改稿される前の教材文と現在の教材文を読み比べ，改稿された理由を考える。

第2次❷　（「書くこと」領域）
⑦自分の解説文を説得力のあるものにするために，交流を基に，自分の一番伝えたいことを決め，資料を集める。
⑧自分の解説文を説得力のあるものにするために，構成を考える。
⑨自分の解説文を説得力のあるものにするために，筆者の工夫（具体的事例）を読み，自分の解説文に必要な情報を選ぶ。
　　　　　　　　　　　　　　　　　　　　　　　　（本時）
⑩解説文に説得力をもたせるために，グラフや表等を探したり作成したりする。
⑪⑫集めた資料や考えた構成を活用して，解説文とキャッチコピーを書く。

第3次
⑬完成したリーフレットを友達と交流し，自分の考えを広めたり深めたりする。

6　本時の学習（本時9／13時）

❶本時のねらい

共通教材での読みを活用して，複数の資料から自分の解説文に必要な資料を選ぶことができる。

（書くこと　ア）

❷本時の展開

時間	学習活動	主な発問（○）と指示（△） 子供の反応（◎）	指導上の留意点（・）と 評価（◇）
5分	1．「天気を予想する」で筆者がしている工夫を確認する。 2．本時の課題の確認	◎文章構成の工夫 ◎例を多く挙げる工夫 ◎写真や図，表，グラフ等を使っている。	・学習の足跡を活用しながら，筆者の工夫点を確認し，本時の課題につなげる。
	自分の解説文を説得力のあるものにするために，筆者の工夫を使って資料を選ぼう。		
15分	3．筆者の工夫を読む。	○筆者はどうしてこんなにたくさんの例を出したのだろう。 ◎科学技術の進歩を具体的に説明するために，アメダスの観測装置や気象レーダー，スーパーコンピューターのことを書いている。 ◎国際的な協力の実現に説得力をもたせるため，気球による観測や静止気象衛星のことを書いている。 ◎100％的中するのが難しいという考えに説得力をもたせるため，突発的な天気の変化と局地的な天気の変化の例を挙げている。 ◎自分で見たり感じたりすることを大切にしてほしいという考えを伝えるため，ことわざの例を出している。	・筆者の伝えたいことと，そのための方法を確認させる。 ・これまでに読んだ筆者の文章構成の工夫を参考にさせる。 ・筆者が挙げている事例をグループ分けさせるとともに，どういった根拠でグループを作ったのか説明させる。
5分	4．筆者の工夫をまとめる。	◎筆者は，自分が伝えたいことに納得してもらうために必要な情報を選んでいる。	・「天気を予想する」での学びを自分の言葉でまとめさせることで，自らの情報収集に活用させる。
15分	5．複数の資料から，自分の解説文に必要な資料を選ぶ。	△筆者の技を使って，多くの情報の中から，自分の解説文に必要な資料を選びましょう。	・自分の構成を基に，自らが伝えたいことを常に意識させる。

時間	学習活動		指導上の留意点
		△必要に応じて，テーマが近いグループで相談しても構いません。	情報を選べない子供への声かけ例 ・自分の伝えたいことをもう一度確認してみよう。 ・読み手の立場になって，「うんうん」と思うような資料を選んでみたらどうかな。 ・必要そうな資料をいくつか集めて，アドバイスを友達にもらってみたらどうかな。 ・同じテーマの人に，自分の伝えたいことを伝えて，アドバイスをもらおう。 ・同じテーマの人が，どんな資料を選んでいるのか，参考にさせてもらってはどうかな。 ◇自分の伝えたいことに説得力をもたせるための資料を選んでいる。 （書 ア）
5分	6．本時の学習をまとめる。		・まとめを書く観点を示し，自らの言葉で書かせる。
	資料を選ぶ際に留意したことを書いてまとめとする。		

❸本時の板書例

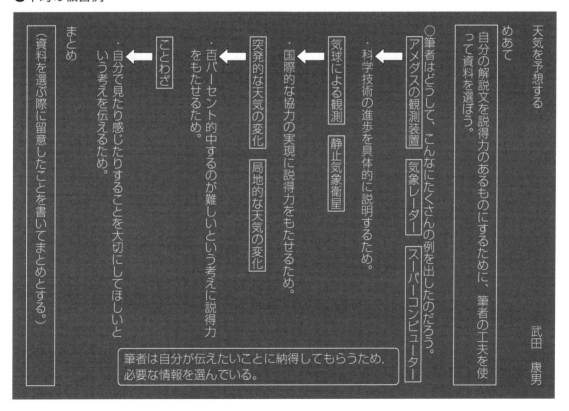

7　主体的・対話的で深い学びにつながる指導と評価のポイント

❶指導のポイント

単元構想

　本単元を構成した年は,「市制100周年」という言葉が子供たちの日常の中に溶け込んでいた。「生きて働くことばの力」「学びを活用させる」との視点を重視して単元を構成している本校にとって,市制100周年は願ってもないタイミングだった。また,本市が進めている『ふるさと学習』とも関連を図った教科横断的な指導ができると考え,本単元を構成した。

「書けない」からのスタート

　本単元第1時に,子供はまず,福山市の魅力を伝える解説文を書いている。導入で書くことの目的は2つ。1つ目の目的は,単元のはじめに,子供自身に学びの目的をもたせることである。「すぐには分からない」「簡単にはできない」と子供自身が自らの課題に気付くことから本物の学びがスタートすると考える。子供に課題意識をもたせることから,筆者の技を教材文から読み,活用しようとする主体性が生まれるのである。実際に出てきた子供の困り感は図1のようなものであった。2つ目の目的は,後述の「❷評価のポイント」で述べる。

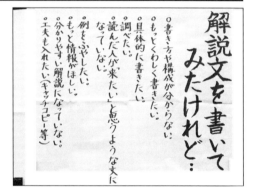

図1

単元計画

　主体的な学びへの第一歩は子供が目的をもつことである。そこで単元計画を,子供一人一人が自らもった課題を解決していくための計画ととらえ,常に学びの目的を明示するようにした。図2の単元計画の中にも,学びの目的(自らの課題解決)が分かるよう,朱線を入れている。

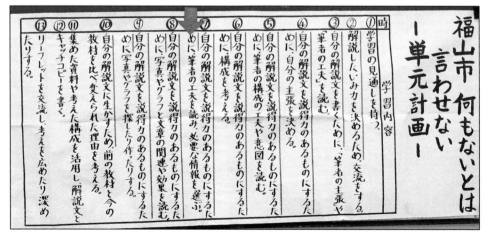

図2

対話的な学び

　私が授業をする際に心がけていることは，極力指示を減らすことである。「交流しましょう」から始まる交流ではなく，子供が「友達の意見が聞きたい」「相談させて」と言える展開を常に考える。では，どうすれば子供が「相談したい」との思いをもつだろうか。私は，

①解決したい課題がある。
②一人で解決するのは困難である。
③良好な人間関係

の3つをそろえることにあると考える。指示を減らし，これらのことをコーディネートすることにより，子供は対話を通して自ら課題を解決していこうとする。

❷評価のポイント

　単元導入時に解説文を今までの学びを活用して書かせる目的の2つ目は，子供自身に単元を通して何ができるようになったかを，具体的に把握させることである。導入時に書いた解説文と，単元終了時に完成した解説文を見比べた子供の振り返りは，以下の通りである。

　私は，最初に書いた解説文と最後に書いた解説文を読み比べて，本当に同じ私が書いたとは思えませんでした。私が伝えたいことは，郷土料理の魅力でした。最初は，情報も少なく，構成もむちゃくちゃで，正直，読んでも「福山で食べてみたいな」と思えるものではありませんでした。でも，多くの情報の中から，自分に必要な情報を選んだり，友だちにアドバイスをもらいながら書いたり，目的を持って事例をあげるなどの筆者の工夫を使うことにより，私の解説文は大変身しました。
　これからは，今回の学びを解説文だけではなく，他の文章にも生かしていきたいと思います。

　「成長したことを書きましょう」だけでは，子供はなかなか自己評価を行うことが難しい。次の学習への意欲，自己評価力とともに自己肯定感を高めるという視点からも，メタ認知力を付けるための手立てとして有効であった。

（藤村　彰宏）

【参考文献】
・小学校学習指導要領解説　国語編（文部科学省）
・小学校国語科映像指導資料　pp.82-89（国立教育政策研究所）

第5学年の授業づくり　読むこと（説明文）

和の文化をプレゼンしよう

【時間数】全14時間・【教材名】和の文化を受けつぐ―和菓子をさぐる（東京書籍5年）
【関連教材】日本の伝統文化に関する図書資料

1　単元の指導目標

○和の文化の魅力を伝えるという目的をもち，必要な情報を見付けて読んだり，話の内容が明確になるように取材したりすることができる。(話すこと・聞くこと　ア，読むこと　ア，ウ)

2　単元の評価規準

知識・技能	思考力・判断力・表現力等		主体的に学習に取り組む態度
・話し言葉と書き言葉との違いに気付いてスピーチの言葉遣いを工夫している。 （知・技(1)イ）	「A話すこと・聞くこと」 ・和の文化の魅力を説明するために，集めた材料を分類したり関係付けたりして，プレゼンの内容を検討している。 （ア）	「C読むこと」 ・プレゼンに必要な情報を取材メモにまとめるため，いろいろな資料について全体の構成をとらえて要旨をまとめている。　　（ア） ・和の文化の魅力を伝えるため，文章と図表などを結び付けるなどして必要な情報を見付けている。　　（ウ）	・和の文化の魅力を効果的に伝えることに関心をもち，情報を収集したり構成を工夫したりしようとしている。

3　単元について

❶子供について（「読むこと」に関して）

　子供は，第4学年時に文章を読む目的を明確にもって，中心となる語や文に着目して要点をまとめたり，小見出しを付けたりしながら内容を整理して読む力を付けてきた。第5学年に進級した本単元では，この力を生かしながら，「C読むこと」の指導事項「ア　事実と感想，意見などとの関係を叙述を基に押さえ，文章全体の構成を捉えて要旨を把握すること」と「ウ　目的に応じて，文章と図表などを結び付けるなどして必要な情報を見付けたり，論の進め方について考えたりすること」に関連し，文章と図表などを結び付けて必要な情報を見付け，内容を的確に押さえて要旨をとらえ，その情報を自分のプレゼンに活用する力を付けることができ

るよう，本単元を設定した。「自分が選んだ和の文化の魅力を自分が選んだ相手に伝える」という目的意識が，情報収集や情報発信の力の育成につながることを意図した。

❷教材について

教科書教材「和の文化を受けつぐ―和菓子をさぐる―」は，和菓子の伝統を受け継いでいくことの大切さを，歴史，他の文化との関連，職人の技術の３つの観点から，写真や表を添えて述べたものである。教材文を読むことで，自分で選んだ和の文化の魅力を調べる観点を得たり，写真や表と本文とを関連させて読んだり，写真や表を用いた説明の仕方を学んだりすることができるようにした。また，自分が選んだ和の文化について調べる際には，日本の伝統文化に関する子供向けの図鑑や読み物を市立図書館から借り受けたり，学校図書館にあるテーマ別百科事典や50音配列の百科事典，国語辞典等を活用したりできるようにした。和の文化の魅力を明らかにするために，複数の図書資料の情報を関係付けて読むことで，ねらいとする力の育成が図れるようにした。

❸指導について

単元の導入では，和菓子のすばらしさをテーマとしたプレゼンのモデルを教師が示し，本単元への関心を高めることができるようにした。また，プレゼンを完成させるために必要な学習活動について子供たちに話し合わせ，「学習ロードマップ」を作成して，単元の見通しが立てられるようにした。さらに，和の文化に関する図書資料を教室に常備して，教科書教材と並行して読み，調べるテーマや観点を考えることができるようにした。単元の展開では，教科書教材で学んだ，観点の立て方や文章と図表の関係付けの仕方などを生かして，自分のテーマについての調べ学習を進められるようにした。それらの学習過程においては，「自分が選んだ和の文化の魅力を，自分が選んだ相手にプレゼンし，○○っていいな，○○を使ってみたいな，と思ってもらう」などの目的を常に意識できるような振り返りの交流を行った。

新学習指導要領対応ガイド

❶活用する場を見通した要旨の把握の指導

要旨をつかむ力は，一つの文章を時間をかけて読み取らせるだけでは付きません。必要な情報かを一読して判断するなど，内容や筆者の主張点を端的にとらえ，活用することを繰り返すことで育成できます。本事例では取材メモ（p.61の写真参照）のように，取材内容を端的にカードに書き出し，プレゼンに用いるために要旨をとらえるのだという活用の目的を明確にしています。

❷情報収集のための指導の工夫

多様な情報を目的に応じて収集するためには，情報を検索するための指導が重要になります。本事例では，本時の学習活動２にあるような具体的な指導を的確に位置付けています。

4　言語活動とその特徴

　本単元では，「自分が選んだ和の文化の魅力について図書資料で調べ，プレゼンテーションで説明する」という言語活動を位置付けた。本単元におけるプレゼンテーションを「話し言葉に加え，図表，具体物等の資料を提示したり，実演を交えたりしながら説明し，聞き手に，和の文化の魅力についての納得を促すこと」と定義した。対象について相手の納得を促すために，言語表現に加えて図表や具体物などの資料を用いて伝える活動は，「情報を関連付けながら話す」「目的や意図に応じて，事柄が明確に伝わるように表現を工夫して話す」「目的に応じて，文章の内容を的確に押さえて要旨をとらえて読む」「目的に応じて，文章と図表などを結び付けるなどして必要な情報を見付けて読む」といった力を付けるために適していると考えたからである。

　伝える内容は，子供たちが複数の図書資料を概観した上で，自分が興味をもてるものやこれまでの経験を生かせるものとして，和服，扇子，和食，畳，茶道，剣道，ひな祭り，折り紙など様々なものを選んだ。これらの魅力を伝える相手としては，「宇都宮大学の留学生，下級生，同級生の友達」の中から選ぶようにした。伝える内容と相手を自ら設定できるようにしたことで「自分が選んだ和の文化の魅力を伝えたい」という目的意識を強くもたせることができた。

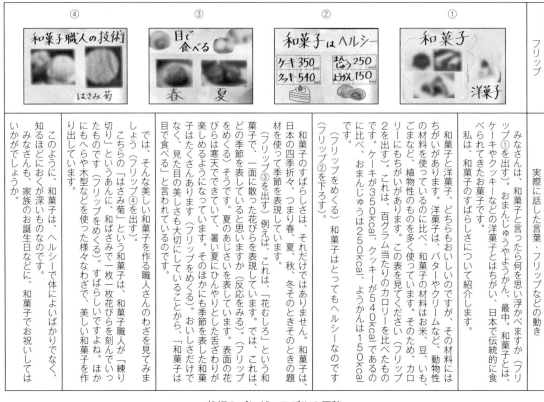

教師のプレゼンモデルの原稿

5 単元の指導計画（全14時間）

第1次

⓪和の文化に関する本を読み始める。

①教師のプレゼンを聞き，教材文「和の文化を受けつぐ」を読んで，学習内容をつかむ。

②自分が説明したい和の文化を決め，学習計画表を作成して単元の見通しを立てる。

第2次

③④教材文「和の文化を受けつぐ」を読んだり，教師のプレゼン原稿を分析したりして，構成，説明の観点，資料の効果などについて話し合う。

⑤自分が選んだ和の文化の魅力について図書資料で調べ，説明するための観点を考える。

⑥⑦自分が選んだ和の文化の魅力について図書資料で調べ，伝える材料を集める。　　　　　　　　　　　　　（本時⑥）

⑧魅力を伝えるために必要な材料を選んで整理したり，足りない材料を追加したりする。

第3次

⑨教師のプレゼンを聞いたり，プレゼン原稿を読んだりして，効果的な話し方や資料提示の仕方について話し合う。

⑩⑪フリップや発表メモを作ったり，タブレットを使ってプレゼンの練習をしたりする。

⑫⑬プレゼンを聞き合ってよさや改善点を交流し，修正したり仕上げたりする。

第4次

⑭（昼休みの時間から100分で実施）
　自分が選んだ相手にプレゼンする。
　単元の学習を振り返り，楽しかったことや身に付いた力，今後に生かしたいことをまとめる。

6　本時の学習（本時6／14時）

❶本時のねらい
　自分が選んだ和の文化の魅力を説明するために、図書資料から必要な情報を見付け、内容を的確に押さえて付箋にメモすることができる。　　　　　　　　　　　　　　（読むこと　ウ）

❷本時の展開

時間	学習活動	主な発問（○）と指示（△）	指導上の留意点（・）と評価（◇）
3分	1．本時の学習課題を確認する。	△前の時間の振り返りにとてもよいことを書いていた人に発表してもらいます。 △自分が選んだ和の文化の魅力が伝わるような情報を見付けていきましょう。	・前時の振り返りから、「留学生が扇子を使ってみたいと思える情報を見付けたい」など、相手意識、目的意識を明確にしているものを取り上げ、価値付けする。 ・「学習ロードマップ」を見て、自分のねらいや本時の活動内容を確認するよう促す。
		自分が選んだ文化の魅力を調べ、プレゼンの材料を付箋にメモしよう。	
7分	2．材料の集め方を確認する。	○本から必要な情報を見付けるには、どのページを見ますか。見付からない場合はどうしますか。 ○意味の分からない言葉があった場合はどうしますか。	・以下のことについて確認する。 ①目次や索引を活用する。 ②調べたい言葉が見付からない場合は、言葉を変えて見付ける。 　（例　季節→四季） ③意味の分からない言葉はそのままにせず、必ず調べる。その際、国語辞典、百科事典を活用する。 ④写真や図表のキャプションにも着目する。
25分	3．図書資料で調べ、見付けた情報を付箋にメモする。	△困ったことや分からないことがあった場合は、班の友達に相談しながら進めましょう。 △先生の「取材メモ」のシートを参考に、見付けた情報を付箋にメモして、観点ご	・同じ内容または近い内容をテーマにした友達同士でグループを組み、情報交換しながら進められるようにする。 ・集めた情報は付箋に記入し、前時までに観点を記入した「取材メモ」のワークシートに観点ごとに

		とに貼っていきましょう。	貼り付けるよう促す。 ・単元の導入で示した教師のプレゼンの「取材メモ」のシートを配付し，参考にできるようにする。 ・情報が見付けられない子供には，一緒に本やページを探したり，見出しに着目させたりする。
7分	4．情報の探し方や付箋の書き方について全体で情報交換する。	△複数のページや本を関連させて情報を見付けたり，付箋の書き方を工夫したりしたことを発表してください。	・文章と図表を関係付けて情報を読んでいる子や，難解語を辞典や百科事典で調べている子，矢印等を使ってメモしている子などを取り上げて紹介し，価値付ける。

◇自分が選んだ和の文化の魅力を説明するために，図書資料から必要な情報を見付け，内容を的確に押さえて付箋にメモしている。
（読ウ）（取材メモの付箋への書き込み，調べる活動の様子）

| 3分 | 5．本時を振り返り，次時の見通しをもつ。 | △今日の振り返りを「学習ロードマップ」に書きましょう。 | ・振り返りは，成果（できた，楽しかった，頑張った等）と課題（困った，もっと頑張りたい，これから楽しみ等）の観点で書かせる。 |

❸教師の取材メモの例示

7 主体的・対話的で深い学びにつながる指導と評価のポイント

❶指導のポイント

子供たちが情報収集する図書資料は、日本の文化について解説した子供向けの図鑑や読み物、及びテーマ別百科事典と50音配列の百科事典等である。図書室の蔵書に加えて市立図書館からも借り受けた。単元が始まる前からブックトラックに乗せて教室に常備し、関心をもてるようにした。調べ学習を図書室で行った際には、ブックトラックを図書室に移動し、図書室の蔵書と併せて活用できるようにした。

単元の導入で教師がプレゼンを例示し、活動のイメージをもてるようにした。教師の例示は、

ブックトラック
(図書室の蔵書と市立図書館からの貸出本)

プレゼンの演示だけではなく、プレゼン原稿、取材メモ、発表メモについても行い、それぞれ、子供の活動に合わせて段階的に提示した。その際、子供が活動する前に提示する、子供が思考し始めたときに提示する、繰り返し提示する、など、「何を」「いつ」「どのように」「どの程度」提示するかを吟味した。また、それらは、子供のワークシートとともに綴じておくようにし、必要に応じて随時参照できるようにした。

学習計画表を「学習ロードマップ」として、「目的」「日付」「やること」「方法」を明記し、振り返りを「成果と課題」として記入させた。これにより、子供が活動の見通しをもてるようにするとともに、子供の活動の様子(できたこと、頑張ったこと、困っていることなど)を教師が把握し、授業の導入時に前時の様子を称賛したり、価値付けしたり、共有させたりできるようにした。

その際、他の参考となるような子供を取り上げるだけでなく、日頃、言語活動の遂行に困難を感じている子供の活動の様子を取り上げ、称賛するようにした。また、困難や悩みを解決した姿も紹介することで、スムーズに進めることを求めるのではなく、立ち止まり、考えながら進めることの価値を伝えるようにした。

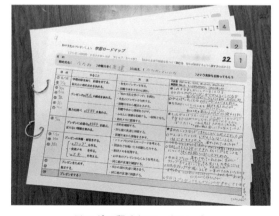

リングで留めたワークシート
(表紙が学習ロードマップ)

❷評価の例（B：概ね満足　A：十分満足）

本単元で用いた図書資料は，ほとんどが文章と図表により説明されているものである。図表が文章の理解に役立つことはもちろん，文章が図表の理解に役立つこともある。文章と図表を補完させながら読むことで，必要な情報が理解できる。評価規準である「文章と図表などを結び付けて必要な情報を見付け」ることに関して，以下のような子供の姿があった。

B児

和傘について調べていた。図書資料の「江戸時代には，貴人は柄のある傘を侍従に差してもらっていた」という文章の意味を理解できなかった。しかし，同じページにあったイラストを見ることで，「柄とは傘についている棒状の物」「貴人とは偉い人」「侍従とは家来かもしれない」と考え，読み解くことができた。

A児

和服の歴史について調べていた。現代の着物に結び付く情報を得られずに困っていたときに，小袖のイラストを見て，「これは，今の着物に近い形だ」と気付き，改めて百科事典で「小袖」の項をひき，「日本の伝統的衣装の一つ。現代日本で一般的に用いられている，和服（着物）の元となった衣類である。」という文章を読んで，自分の気付きが正しかったことに喜んでいた。

本時では，以下のような付箋メモがあった。いずれもA評価である。

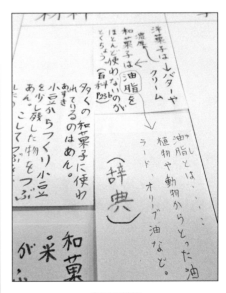

①児の付箋

---

①児

「油脂」の意味を調べてメモしている。プレゼンをする際，話し言葉では「油脂」の意味は伝わりにくいため，「あぶら」と言い換える意図でメモしている。

②児

扇子の作り方を調べ，「地紙」の意味を「扇子に用いる紙」，「加飾」を「金箔をはったり絵をかいたりする」と説明したりして，相手により伝わる情報にしている。

（皆川　美弥子）

第5学年の授業づくり　読むこと（説明文）

4 4年生に提案するための情報との付き合い方を考えよう！

【時間数】全10時間・【教材名】想像力のスイッチを入れよう（光村図書5年）
【関連教材】社会科の教科書，資料集

1　単元の指導目標

○原因と結果など，情報と情報との関係について理解しながら，必要な情報を探して文章や資料を読むことができる。　　　　　　　　　　　　　　　　　　　　　　　　（知・技(2)ア）
○自分の提案を明確にするために様々な文章や資料を読むことで，読書が自分の考えを広げることに役立つことに気付くことができる。　　　　　　　　　　　　　　　　　（知・技(3)オ）
○4年生に情報との付き合い方を提案するためポスターにまとめるという目的を明確にし，本や文章を読んでまとめた意見を共有し，自分の考えを広げることができる。（読むこと　カ）
○4年生に情報との付き合い方を提案するためポスターにまとめるという目的に向けて，情報との付き合い方について調べたり必要な情報を見付けたりして，明確な提案を行おうとすることができる。　　　　　　　　　　　　　　　　　　　　　　　　　　　　（学びに向かう力等）

2　単元の評価規準

知識・技能	思考力・判断力・表現力等	主体的に学習に取り組む態度
・原因と結果など情報と情報との関係について理解しながら，必要な情報を探して文章や資料を読んでいる。（知・技(2)ア） ・自分の提案を明確にするために様々な文章や資料を読むことで，読書が自分の考えを広げることに役立つことに気付いている。（知・技(3)オ）	「C読むこと」 ・4年生に情報との付き合い方を提案するためポスターにまとめるという目的を明確にし，本や文章を読んでまとめた意見を共有し，自分の考えを広げている。（カ）	・4年生に情報との付き合い方を提案するためポスターにまとめるという目的に向けて，情報との付き合い方について調べたり必要な情報を見付けたりして，明確な提案を行おうとしている。

3 単元について

❶子供の実態と前単元までの学習の状況について

　子供は、「生き物は円柱形」で要旨をとらえて、自分の考えをまとめる活動を行った。その後、「天気を予想する」では複数の資料を読み比べたり、グラフや表などの具体的事実を根拠にしたりしながら、自分の考えを「便利のトビラ」にまとめる活動を行った。その際、比べ読みや摘読、多読など資料を工夫して効果的に読むことも学習した。こうした学習を通して目的に応じて、本や文章を比べて読むなど効果的な読み方を工夫することや、目的に応じて複数の本や文章などを選んで比べて読むことが身に付いてきている。

言語活動を遂行するために必要な能力	既に身に付いていて、活用する力	当該単元で重点的に指導する力	次単元以降で重点的に指導する力
	○目的に応じて、本や文章を比べて読むなど効果的な読み方を工夫すること。	◎本や文章を読んで考えたことを発表し合い、自分の考えを広げること。（読カ）	○目的に応じて、文章と図表などを結び付けるなどして必要な情報を見付けたり、論の進め方などについて考えたりすること。（読ウ）

　本単元では、「4年生に分かりやすく伝える」という共通テーマのもとに話し合い活動を行うことで、自分の考えを広げたり、深めたりする経験となるようにしていく。

❷指導について

　情報リテラシーについて、子供はいろいろなところで断片的に見聞きし、何となく理解しているつもりになっている。この言語活動は、下学年である4年生に情報リテラシーを分かりやすく伝える目的と同時に、自分たちの情報リテラシーを見直し、実践させていく機会とするために設定した。

新学習指導要領対応ガイド

❶自分の考えを明確にするための指導の工夫

　新学習指導要領では、これまで以上に自分の考えを明確にすることを重視しています。本事例では、「4年生に提案する」という場の設定により、自分の考えや根拠を明確にする必要性を十分認識して文章や資料を読むことができるようにしています。またポスターにまとめるという言語活動を位置付けています。ポスターは掲載できる文字量が限られているため、言葉を吟味しながら不要な部分を削り、自分の考えをより明確にしていくのに適した言語活動です。

❷読むことにおける共有の資質・能力の指導の工夫

　読んで考えたことを共有する際には、考えをできるだけ簡潔にまとめることが求められます。この意味でもポスターで提案するという言語活動はねらいにふさわしいものとなっています。

4　言語活動とその特徴

　本単元の言語活動として「情報リテラシーの本や文章を読み，グループで４年生に提案するための情報との付き合い方を考えよう」を位置付けた。考えた情報との付き合い方はポスターにまとめる。ポスターには，グループとしての提案とメンバー全員の提案理由を載せることとした。

　本単元で，子供は５年生である自分たちの調べ学習を振り返り，情報リテラシーについて考える。そして，ポスターを作って，来年５年生になる４年生に，情報との付き合い方を提案する活動を行う。

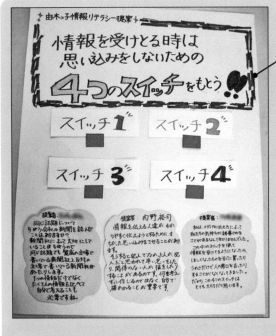

情報について書かれた本や文章を読んで，自分の提案を考える。その後，考えを持ち寄り，グループ提案としてまとめていく。
４年生にふさわしい提案を模索する中で，自分の考えを広げていく。
（読むこと　カ）

提案（意見）と事例が明確になるようにポスターにまとめ共有する。
（読むこと　カ）

グループのメンバー全員が納得できる考えを，主体的に探せる話合いになるよう，最終提案に対する個人の提案理由を書かせる。
（読むこと　カ・学びに向かう力等）

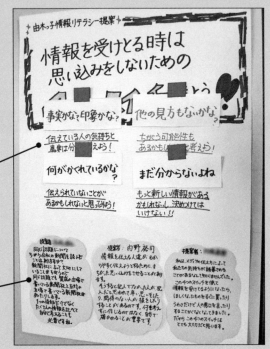

5 単元の指導計画（全10時間）

第1次
①自分たちの調べ学習の経験などから、情報との付き合い方に対する課題意識を高める。

第2次❶
②教科書教材「想像力のスイッチを入れよう」を読み、筆者の考える情報リテラシーについて話し合う。
③教科書教材「想像力のスイッチを入れよう」を読み、情報との付き合い方について自分の考えをもつ。
④ポスターを作り、情報との付き合い方についての提案を広める活動について学習計画を立てる。　　　　　　　　（本時）

第2次❷
⑤工夫した読み方の復習をしながら、情報リテラシーに関する資料を読む。
⑥⑦資料を読み、自分の提案とその基になる事例をリストにまとめる。自分がポスターにまとめたい提案を3つにしぼる。
⑧⑨グループ→全体→グループの流れで交流を行い4年生にふさわしい提案か検討し、グループ提案を最終決定する。

第3次
⑩情報との付き合い方をポスターにまとめ、学習を振り返る。

6　本時の学習（本時4／10時）

❶本時のねらい

教科書教材「想像力のスイッチを入れよう」を読んで考えた，情報との付き合い方の提案を発表し合い，自分の考えを広げる。　　　　　　　　　　　　　　（読むこと　カ）

❷本時の展開

時間	学習活動	教師の発問や指示（○）	指導上の留意点（・）と評価（◇）
5分	1．前時までの学習を振り返る。	○「想像力のスイッチを入れよう」を読んで，情報との付き合い方の提案を考えましたね。今日はその提案を発表し合い，自分の考えと友達の考えを比べてみましょう。	・前時までの学習事項を想起させる。
3分	2．本時のめあてを確認する。		
	「想像力のスイッチを入れよう」を読んで考えた提案を発表し，自分と友達の提案を比べてみよう。		
5分	3．本時の学習の方法を確認する。	○「想像力のスイッチを入れよう」を読んで考えた提案をグループで発表し合い，比べて考えたことをワークシートに書きましょう。	・教科書教材「想像力のスイッチを入れよう」を読んで考えた，情報との付き合い方の提案を発表し合い，考えを広げさせる。
15分	4．3人グループで提案内容とその理由を発表し合う。	〈比べる視点〉 ・似ているところ ・ちがうと感じるところ ・なるほど，と思うところ ・自分の考えに取り入れてみたいところ ・いい考えだと感じるところ	◇教科書教材「想像力のスイッチを入れよう」を読んで考えた，情報との付き合い方の提案を発表し合い，考えを広げている。 　　　　　　　　（読カ） （ワークシート，発言）

10分	5．自分の意見と友達の意見を比べて考えたことをワークシートに書き,全体で共有する。	○友達の意見と比べてみて考えたことを発表してください。	
5分	6．指導者の見本のポスターを見て,ポスターを作り,情報との付き合い方についての提案を広める活動について学習計画を立てる。	○では,次回から4年生ができる情報との付き合い方を調べて,グループでポスターにまとめていきましょう。 ○次回から情報リテラシーについて書かれた他の本を読んでみましょう。	・指導者の作成したポスターを例に,学習のゴールを具体的にイメージさせる。 ・単元の指導計画表を基に,単元の学習の見通しをもたせる。
2分	7．次時の学習に見通しをもつ。		・本時の学習の振り返りをし,次時の見通しをもたせる。

❸本時の板書例

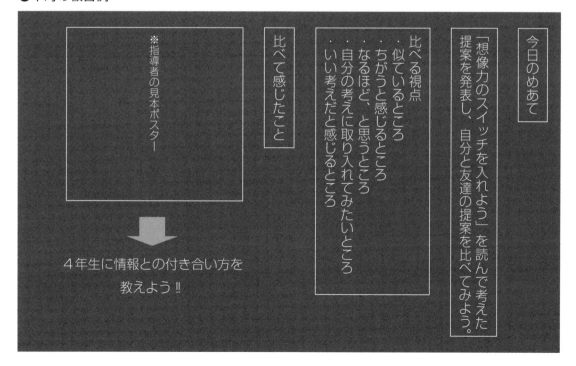

7 主体的・対話的で深い学びにつながる指導と評価のポイント

❶指導のポイント

　個人で情報リテラシーに関する本や文章を読んで正しく理解することから始める。社会科の「情報化した社会と私たちの生活」の学習との関連性が高いので，社会科の教科書や資料集も，分かりやすく確かな書籍情報の一部として活用させていく。

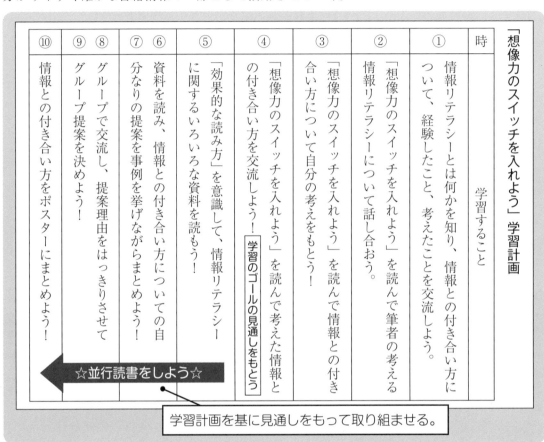

「想像力のスイッチを入れよう」学習計画

時	学習すること
①	情報リテラシーとは何かを知り，情報との付き合い方について，経験したこと，考えたことを交流しよう。
②	「想像力のスイッチを入れよう」を読んで筆者の考える情報リテラシーについて話し合おう。
③	「想像力のスイッチを入れよう」を読んで情報との付き合い方について自分の考えをもとう！
④	「想像力のスイッチを入れよう」を読んで考えた情報との付き合い方を交流しよう！　学習のゴールの見通しをもとう
⑤	「効果的な読み方」を意識して，情報リテラシーに関するいろいろな資料を読もう！
⑥⑦	資料を読み，情報との付き合い方についての自分なりの提案を事例を挙げながらまとめよう！
⑧⑨	グループで交流し，提案理由をはっきりさせてグループ提案を決めよう！
⑩	情報との付き合い方をポスターにまとめよう！

☆並行読書をしよう☆

学習計画を基に見通しをもって取り組ませる。

　また，グループで提案する内容に対して，メンバーそれぞれがなぜその提案に決めたのかの理由をポスターに掲載させることにはねらいが2つある。一つは他人の意見に流されてしまうのを防ぐこと。もう一つは，グループのメンバー全員が納得できる考えを，主体的に探せる話合い活動にすることである。グループの中の発言力の強い子に任せて受け身になってしまうことなく，自分の提案や友達の提案を大切にして，考えを広げたり，深めたりする活動となるように指導していく。

　グループ提案はメンバーそれぞれが持ち寄った個人の提案を基に，4年生にふさわしい提案にまとめ直す。自分が本や文章を読んで考えた提案を，グループ交流や全体交流によって，広げたり深めたりすることができると考えた。

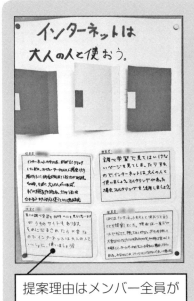
提案理由はメンバー全員が掲載する。

4年生にふさわしい提案かをグループでよく吟味する。

❷評価のポイント

　メンバー全員の提案理由には，教科書教材「想像力のスイッチを入れよう」を例に挙げ，本で読んだ具体的な事例や自分の経験を書くと分かりやすいことを助言する。しかし，事例を見付けることはできても自分ではうまく表現できない子供や，ふさわしい事例が見付からないことを理由に提案を変える子供がいる実態から，必ずしも事例を載せなくてもよいこととする。

　なお，資料を読み取る際には事例と意見を分けさせる工夫をすることで，事例と意見との関係を押さえて読む力を育てることができると考えた。

4年生との交流後、パソコン室や図書室にポスターを掲示する。

（内野　裕司）

第5学年の授業づくり　読むこと（文学）

おすすめレターで伝える宮沢賢治作品の魅力！

【時間数】全13時間・【教材名】雪わたり（教育出版5年）
【補助教材】よだかの星，なめとこ山の熊，どんぐりと山猫

1　単元の指導目標

◎作品間の共通性や固有の特徴に気を付けて読むことで，読書が自分の考えを広げることに役立つことに気付くことができる。　　　　　　　　　　　　　　　　　（知・技(3)オ）
○比喩や反復などの表現の工夫に気付くことができる。　　　　　　　　　（知・技(1)ク）
○作品の魅力を明らかにするために，人物像や物語の全体像を具体的に想像したり，表現の効果を考えたりするとともに，作品の推薦文を読み合って共有し，自分の考えを広げることができる。　　　　　　　　　　　　　　　　　　　　　　　　　　　（読むこと　エ，カ）
○宮沢賢治作品を推薦するために，自分の心に響く叙述を明らかにしたり，それがどのような表現によるものなのかをはっきりさせたりして読もうとすることができる。

（学びに向かう力等）

2　単元の評価規準

知識・技能	思考力・判断力・表現力等	主体的に学習に取り組む態度
・作品間の共通性や固有の特徴に気を付けて読むことで，読書が自分の考えを広げることに役立つことに気付いている。 （知・技(3)オ） ・比喩や反復，擬声語，擬態語など宮沢賢治ならではの表現の工夫に気付きながら作品を読んでいる。 （知・技(1)ク）	「C読むこと」 ・作品の魅力を明らかにするために，人物像や物語の全体像を具体的に想像したり，表現の効果を考えたりしている。 （エ） ・作品の推薦文を読み合って共有し，自分の考えを広げている。 （カ）	・宮沢賢治作品を推薦するために，自分の心に響く叙述を明らかにしたり，それがどのような表現によるものなのかをはっきりさせたりして読もうとしている。

3 単元について

　本単元では，宮沢賢治作品を4年生に推薦する目的で，登場人物の相互関係や心情，場面についての描写をとらえ，優れた叙述について自分の考えをまとめること，自分がとらえた作品の魅力について交流することをねらいとしている。

　共通教材「雪わたり」は，目の前に広がる美しい雪景色を背景に，子ぎつねと人間の子供の心温まる交流が描かれている。宮沢賢治ならではの独特なリズムやオノマトペがちりばめられ，人物の心情や情景を豊かに想像し世界に引き込まれる作品である。補助教材の3つの作品も宮沢賢治作品であり，動物と人間との関わりや独特な表現，宮沢賢治らしさに気付き，読み比べて感じた魅力を伝え合うには最適であると考える。

　第1次では，「これから宮沢賢治作品に出合う4年生に対し作品を推薦する」という目的について話し合い，「推薦する」ために「読む」という見通しをもたせる。既習事項を活用して学習の計画を子供と立て，主体的な学習となるようにする。

　第2次では，共通教材と自分で選択した作品を交互に読んでいく。共通教材を通して学んだことが選択作品を読む際に活用できるようにし，子供自身が1単位時間の見通しをもてるようにする。その際には，互いの考えを伝え合ったり迷いを解決したりと，対話を通して関わり合う中で課題解決ができるような交流の場を設ける。目的に応じたグループ編成や交流の方法をその都度子供とともに検討し共有できるようにしたい。

　第3次では，互いの「おすすめレター」を読み合い，共通点や相違点，気付いたよさについて伝え合い，自分の考えを広げることができるようにする。また，4年生の教室に展示して4年生の子供に読んでもらい，宮沢賢治作品との出合いの場を設ける機会となるようにする。

新学習指導要領対応ガイド

❶ねらいに合ったリーフレット型ツールの構造の工夫

　言語活動は魅力的なゴールであると同時に，ねらいの実現に直結するものである必要があります。本事例の「おすすめレター」は，人物像や物語の全体像をとらえるために，あらすじをつかんだり登場人物の相互関係を相関図にまとめたりするパーツをもつとともに，表現の効果を考えるために，表現効果に着目して推薦の文に推薦理由を明記するよう工夫されています。

❷自分の心に響く叙述に着目することの重視

　新学習指導要領が重視する「言葉による見方・考え方」を働かせることとは，子供自らが言葉に着目し，自覚的に言葉をとらえることです。そのためには，無目的に言葉と言葉との関係を理解させるのではなく，より自覚的に言葉をとらえようという意識を喚起する手立てが極めて重要です。本事例では，「最も心が惹かれた」叙述に着目し，その根拠となる叙述をとらえられるよう自覚的な学びの実現に向けた工夫がなされています。

4　言語活動とその特徴

　本単元では、「Ｃ読むこと」の言語活動例「イ　詩や物語、伝記などを読み、内容を説明したり、自分の生き方などについて考えたことを伝え合ったりする活動」として、宮沢賢治作品の魅力を「おすすめレター」で推薦する活動を行うこととした。推薦とは、他と比べてより強く惹かれる魅力を伝えることであることであり、これから宮沢賢治作品に出合う４年生に関心や興味を高めてもらうために推薦する。「おすすめレター」は、魅力が伝わるよう以下の構成でまとめる。

---

①人物の相互関係図…読み手が理解しやすいよう、登場人物と相互関係を示す。
②あらすじ…………読み手を惹き付けるよう、結末をふせて話の大体をまとめる。
③推薦の文…………心に残った場面や印象深い叙述を基に、自分がとらえた魅力の観点
　　　　　　　　　を明確にし、３段落構成で書く。
　　１段落…場面や叙述から、最も心が惹かれたこと
　　２段落…心が惹かれたその理由
　　３段落…観点を明確にした作品の魅力
④キャッチコピー……魅力の観点を基に、20文字以内の言葉で表す。

　これらをまとめるには、登場人物の相互関係などに注意し、人物像や物語の全体像をとらえながら読む力、表現の効果を考える力が求められる。よって、授業や家庭学習などで作品を読み込み、自分の考えをまとめる時間を確保する。そして、同じ作品を読んだ者同士で共感し合ったり違いを見付けて話し合ったり、他作品のよさを感じたり宮沢賢治の放つメッセージについて話し合ったりと、交流学習を効果的に設ける。互いに考えを伝え合う活動を通し、自分自身を客観的に見つめ、再確認したり助言を参考に悩みを解決したりすることができる。そうすることで、本単元でねらう「Ｃ読むこと」の指導事項「エ　人物像や物語などの全体像を具体的に想像したり、表現の効果を考えたりすること」及び「カ　文章を読んでまとめた意見や感想を共有し、自分の考えを広げること」を身に付けさせることができると考える。

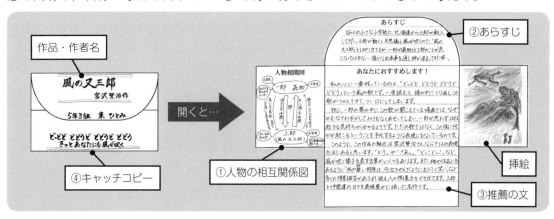

5　単元の指導計画（全13時間）

第1次

①教師が提示した「おすすめレター」を基に学習計画を立て，学習の見通しをもつ。必読書（よだかの星，なめとこ山の熊，どんぐりと山猫）の中から，自分が推薦したい作品を決め，「おすすめレター」の表紙を書く。

第2次❶

②〜⑦共通教材と自分で選択した作品を交互に学習活動を進める。ノートは上下見開きにし，共通教材での学びがノート上ページ，選択した補助教材を下ページとし，学びの見通しを立てやすくする。「あらすじ」「人物相互関係図」を「おすすめレター」にまとめ，「心に残った場面」「印象深い叙述」について交流し，明確になった理由をノートにまとめる。

第2次❷

⑧〜⑫自分がまとめた「心に残った場面」や「印象深い叙述」を基に，最も心が惹かれたことを考え作品の魅力にせまる。ペアやグループで考えを交流し，自分が考える作品の魅力を3段落構成で「推薦の文」にまとめる。魅力をとらえたキャッチコピーを考え，「おすすめレター」を完成させる。　　　　（本時⑪）

第3次

⑬お互いに「おすすめレター」を読み合い，感想を交流したりもう一度作品を読み返したりする。また，4年生の教室に展示し，4年生の子供に読んでもらう。

6　本時の学習（本時11／13時）

❶本時のねらい

登場人物の相互関係や心情，場面の描写について読み解いたことを基に，自分が選んだ作品の推薦理由を明確にし，まとめることができる。
（読むこと　エ）

❷本時の展開

時間	主な学習活動	主な発問（○）と指示（△）	指導上の留意点（・）と評価（◇）
わかる 5分	1．前時の学習を振り返り，本時のめあてと学習活動を確認する。	○今日の学習はどう進めていこうか。（板書にまとめる。）	・前時までの学習を基に，本時のめあてに向けた学習の進め方を考えることができるようにする。
	作品の魅力を明らかにして，すいせん理由をまとめよう。		
かわる 30分	2．ホップ 推薦したい作品の魅力は何か考える。 【魅力の視点】 ・相互関係　・人物像　・心情の変化 ・展開　・表現　・テーマ	△4分でノートに自分の考えをまとめよう。	・推薦理由を明確にするために，魅力の視点を確認し，自分が選んだ場面や叙述がどの視点に関連するか，キーワード等で整理できるようにする。
	3．ステップ 違う作品を選んだ子供同士で，自分がとらえた魅力の視点を検討し，推薦理由を明確にする。	○「雪わたり」で交流をしたとき，ずれや迷いをどうやって解決できたかな。（板書にまとめる。）△交流は10分間です。	・互いに考えた魅力の視点について，妥当かどうか吟味したり，他作品と比較しながら検討したりすることを確認する。 ・考えたことの報告にとどまらないよう，魅力を感じた場面や叙述を基に根拠を示し，話し合えるようにする。

	4．ジャンプ 「推薦の文」の3段落目をまとめる。	○交流を通して得たことはあったかな。 （板書にまとめる。） △交流で明確になったこと，解決できたことを生かして3段落目を10分でまとめよう。 △お宝帳にある推薦語彙を用いて書こう。	・交流で取ったメモを推薦の文にまとめる際に活用できるようにする。 ・前時にまとめた1，2段落とのつながりを考え，よりよい文を目指す。 ◇宮沢賢治作品を推薦するために，感動やユーモア，安らぎなどを生み出す優れた叙述に着目し，登場人物の相互関係や人物像，心情の変化，展開，表現の工夫などの視点から魅力をとらえ，自分の考えをまとめている。 （読エ） （メモ，「おすすめレター」）
できる 10分	5．学習の振り返りをする。	○振り返りの言葉を聞かせてください。 （板書にまとめる。）	・交流を通して推薦の視点が明確になり文にまとめることができたかを確認し，次時につながる意欲をもたせる。

❸本時の板書例

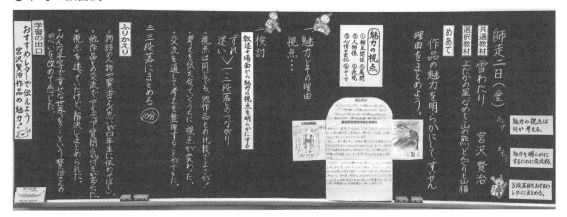

7 主体的・対話的で深い学びにつながる指導と評価のポイント

❶指導のポイント

単元及び一単位時間の見通し

学習の導入時に本単元の学習のゴールを示し，読みを深め，学びを進めるためにどうすればよいか子供とともに大まかな学習計画を立てる。そこでは，共通教材と補助教材を交互に学んだり，続けて学んだりと子供の思いや実態に合わせる。できあがった大まかな計画表にペアやグループで話し合った学習活動を書き込み，学級全体で共有し計画することで，ともに授業づくりをしている実感が伴い，主体的な活動となる。

その計画から，毎時間めあてと授業の流れを子供とともにつくる。めあてを立て，その達成に向けこの時間にどのような学び方をするか，展開部分を「ホップ・ステップ・ジャンプ」という段階で考える。

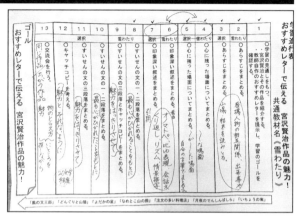

自分たちで計画を立てて見通しをもつ

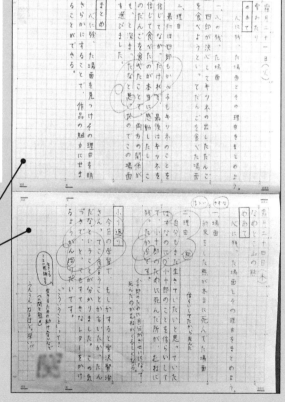

上ページ「共通教材 雪わたり」，下ページ「選択した教材 なめとこ山の熊」）をすることで前時に共通教材を通して学んだことを，自分が選択した補助教材を読む際に活用できるようにし，子供自身が一単位時間の見通しを容易にもてるようにする。

子供のノート（上下見開きのノートづくり）

意義のある交流

　互いにまとめた考えや文を報告し合うという活動にとどまらないような交流にする。なぜ交流をするのか，どのように交流を進めるか，交流から得られることは何か，ということを子供と確認・共有する。

　「自分の考えを明確にするための交流」であるために，まず自分の考えを箇条書きやキーワードで素早くまとめる。そしてそのメモを基に，本文と照合したり書き加えたりしながら思いや考えをつないでいく。尋ねたり確認したりしながら自分自身を客観的に見つめ，その過程で出た迷いやずれを対話を通して吟味して解決していくと，伝え合ったことやもらった助言から明らかになった自分の考えを改めて文章等にまとめることができるようになる。

　そうすると，交流することのよさに子供が気付き始め，より意義深い交流をするにはどうすればよいか考え始める。共通点や相違点に目を向け，作者らしさについて考え，テーマやメッセージについても考えを広げていくことができる。

❷評価のポイント

　本時で「おすすめレター」の「推薦の文」を書き終え，第13時では学級内で交流を行った。

　同じ作品同士の交流では，「心が惹かれた場面は同じだが魅力が違う」「一つの物語でもいろいろな魅力があることに気が付いた」ことから，「人それぞれの感じ方がある」「違う読み方があり驚いた」「友人のものの見方を踏まえて，改めて作品を読み直したい」等の声が聞こえた。

　異なった作品での交流は，「作品は違うが，賢治さんが伝えたいことは似ている」「自分が感じたことと同じような魅力がこの作品にもある」等，宮沢賢治ならではのメッセージや書きぶりに注目して読んでいた。

　「おすすめレター」を受け取った4年生の子供からは，レターを読み感じたことや出合うことができた作品についての感想が寄せられた。心が惹かれてやまない叙述や場面，湧き上がる感動，一郎やよだか，小十郎という登場人物に寄せる思いを発信できたこと，そしてそれを相手が受け止めてくれたことを実感し，「読む」ことを心から楽しむ学習となった。

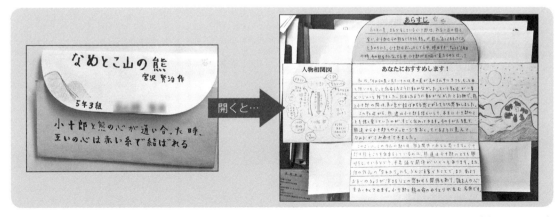

（東　ひとみ）

第5学年の授業づくり　読むこと（文学）

魅力たっぷり 私が推薦する本はこれ！

【時間数】全9時間・【教材名】大造じいさんとガン（光村図書5年）
【関連教材】椋鳩十作品

1　単元の指導目標

◎同一作家の作品を多読することで，読書が自分の考えを広げることに役立つことに気付くことができる。　　　　　　　　　　　　　　　　　　　　　　　　　　　　　　（知・技(3)オ）
○比喩や反復などの表現の工夫に気付くことができる。　　　　　　　　　　　（知・技(1)ク）
○心に響いた叙述とその理由を明らかにするために，人物像や物語の全体像を具体的に想像したり，表現の効果を考えたりするとともに，作品を推薦し合い，同一作家の他作品との比較によってより多面的に魅力をとらえることができる。　　　　　　　　　　（読むこと　エ，カ）
○作品の魅力を推薦するために，本を繰り返し読んだり他の作品と比較したりして，新たなおもしろさに気付きながら読もうとしている。　　　　　　　　　　　　　（学びに向かう力等）

2　単元の評価規準

知識・技能	思考力・判断力・表現力等	主体的に学習に取り組む態度
・作品を多読し，様々な魅力を味わいながら読むことで，読書が自分の考えを広げることに役立つことに気付いている。 （知・技(3)オ） ・比喩や反復，擬声語，擬態語，省略，倒置などの表現の工夫に気付きながら，椋鳩十作品を読んでいる。 （知・技(1)ク）	「C読むこと」 ・心に響いた叙述とその理由を明らかにするために，人物像や物語の全体像を具体的に想像したり，表現の効果を考えたりしている。 （エ） ・作品を推薦し合い，同一作家の他作品との比較によってより多面的に魅力をとらえている。 （カ）	・作品の魅力を推薦するために，本を繰り返し読んだり他の作品と比較したりして，新たなおもしろさに気付きながら読もうとしている。

3 単元について

❶子供について

これまでの「読むこと」の学習で，子供は登場人物の相互関係から心情や場面の描写をとらえて読むことができるようになった。その際，登場人物の心情は直接的に描写されているだけでなく，登場人物相互の関係に基づいた行動や会話，情景などを通して暗示的に表現されていることもあることを学習した。「大造じいさんとガン」では，交流を通して情景描写にも大造じいさんの心情が暗示的に描かれていることに気付かせ，推薦の理由に書き加えることができるようにしたい。

❷単元構成及び教材について

本単元は，椋鳩十作品を推薦するために，登場人物の相互関係や心情，場面についての描写をとらえ，優れた叙述について交流しながら作品の魅力について自分の考えをまとめることをねらいとしている。

| 「イチおしカード」を作りたいという思いがふくらむような学習展開 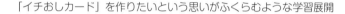 | 友達との交流（読書会）  |

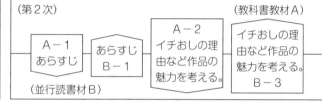

新学習指導要領対応ガイド

❶学んだ読みの力を活用するための指導過程の工夫

本事例では，教科書教材での学びを，選んだ作品の読みに生かして推薦する言語活動が位置付けられています。単元の指導過程を見ると，第２次では，教材と並行読書材の指導がセットになっていることが分かります（いわゆるＡＢワンセット方式の工夫）。これは単なる指導の型ではなく，学んだことを活用しやすくする指導上の工夫です。特に読むのに苦手意識を感じている子供でも，生きて働く読む能力を身に付けられるようにするための手立てとして有効です。

❷全文を俯瞰し，作品全体の叙述を結び付けて解釈するための指導の工夫

本事例では，全文掲示や全文シートを駆使した指導の工夫が見られます。ねらいとする「Ｃ読むことエ」では，作品の全体像をとらえて読むことが求められます。この能力を，どの子供も確実に身に付けられるようにするための指導の工夫として，こうした手立てがとられています。

4　言語活動とその特徴

①（あらすじ）
　読み手を引き付けるように，推薦したい叙述を中心にお話の内容を100字程度にまとめる。
②（一番心に響いた場面）
　作品の中で一番心に響いた場面の挿絵を貼ったり，描いたりする。
③（ここがイチおし）
　作品の中で一番心に響いた叙述を基に作品の魅力を書き表す。
④「作品の魅力」（読むこと　エ）
　推薦理由として，登場人物の描かれ方，物語の構成や表現の特色などの視点から魅力と考えること，題名から分かること，他の作品と比較したことなどについて書く。
○魅力その１…イチおしの理由
　一番心に響いた場面の心に響いた理由や読み解いたことを書く。
○魅力その２…他作品との比較
　他の作品と比較したことや作品の特徴
○魅力その３…書きぶり
　暗示的に表されている登場人物の心情など，その他に読み解いたことを書く。

月の輪グマ

あらすじ
子グマを生けどりにしたかった2人にとって親グマが30mの大滝の上にいることは，好都合であった。しかし，2人が喜んだのもつかの間，母グマは子グマを助けるために岩がけの上から滝つぼめがけて飛びこんだ。

ここがイチおし場面
子グマを助けるために30mの大滝の上から飛び込む母グマを見て胸がつぶれる思いをする。2人は，立ち上がった母グマを見て涙ぐむ。

魅力のポイント１（イチおしの理由）
2人ははじめ興味本位で子グマを手に入れようと思ったが，母グマの命をかけて子グマを守ろうとする愛情を感じ，自分たちがしようとしたおろかな行動を悔む気持ちと飛び込んだ母グマが生きていたことに対してうれしさのあまり涙ぐんだのではないか。

魅力のポイント２（他作品との比較）
この作品は，「母グマ子グマ」のように親グマの本能や知恵，子グマへの愛情が描かれている。この他にも椋鳩十作品は，野生動物の本能や知恵，仲間を助けるリーダーを描いた作品が多数ある。「大造じいさんとガン」「山のえらぶつ」。この作品のよい所は，クマの行動を人の目を通して描かれている点にある。母グマが滝つぼめがけて飛び込む場面や立ち上がった母グマがせまってくる場面の様子が読み手に伝わってくる。

魅力のポイント３（書きぶり）
「空いっぱいの朝焼けで，谷間が，うすいばら色の明るさになりました。」子グマを生けどりにしたいと思っていた2人の前に思いもかけないチャンスがやってくる。2人の喜びの気持ちが，「うすいばら色の明るさ」と重なっているように感じる。

5年1組　但木 功

　本単元では，第5学年及び第6学年「C読むこと」の指導事項「エ　人物像や物語などの全体像を具体的に想像したり，表現の効果を考えたりすること」及び「カ　文章を読んでまとめた意見や感想を共有し，自分の考えを広げること」に重点を置いて指導し，本単元を貫く言語活動として「並行読書で読んだ椋鳩十作品の中で，一番好きな作品を『イチおしカード』にまとめ，友達に推薦する」ことを位置付ける。この言語活動は，「C読むこと」の言語活動例「イ　詩や物語，伝記などを読み，内容を説明したり，自分の生き方などについて考えたことを伝え合ったりする活動」を具体化したものである。推薦とは，他の作品と比べ，より強く惹かれる魅力を伝えることである。このカードは3つのパーツ（①「あらすじ」…推薦する作品の自分が一番好きな場面を中心に取り上げ，物語のおおよそとなるあらすじを書く，②「ここがイチおし」…作品の一番の魅力が描かれている叙述を短くまとめる，③「作品の魅力」…3つのポイント〈イチおしの理由，他作品との比較，その他に読み解いたこと〉に沿って推薦したい理由を書く）で構成される。

　これらのパーツをまとめるに当たっては，登場人物の相互関係や心情，場面についての描写をとらえながら読み，優れた叙述について自分の考えをまとめる必要がある。また，完成したカードを基に作品の魅力を紹介し合う活動を通して自分の読みを見直したり広げたりすることで，本単元で育成を目指す読む能力を身に付けさせることができると考える。

5　単元の指導計画（全9時間）

・朝の活動時間に並行読書を行う。（多読）
・教師による読み聞かせも行う。

第1次
①イチおしカードや学習計画表の提示により，活動の見通しをもつ。
②推薦の意味や作品の魅力を見付けるための視点をとらえる。

第2次
③④共通学習材「大造じいさんとガン」／並行読書材
　イチおし場面を中心に100字程度にあらすじをまとめる。
⑤共通学習材「大造じいさんとガン」
　イチおし場面を交流しながら理由を深めたり，広げたりする。
（本時）
⑥共通学習材「大造じいさんとガン」
　他作品との比較や暗示的な表現，題名などにも着目する。
⑦並行読書材マトリックス表で交流相手を見付ける。
　イチおし場面を交流しながら理由を深めたり，広げたりする。
⑧並行読書材
　他作品との比較や暗示的な表現，題名などにも着目する。

第3次
⑨カードを基に，椋鳩十作品の魅力を紹介し合う読書会を開く。
・イチおしカードを読み合い，付箋に感想を書いて貼る。
・図書室に展示する。

6 本時の学習（本時5／9時）

❶本時のねらい

登場人物の相互関係や心情，場面の描写について読み解いたことや表現の工夫を基に，「大造じいさんとガン」の推薦理由をまとめることができる。　　　　　（読むこと　エ，知(1)ク）

❷本時の展開

時間	学習活動	主な発問（○）と指示（△）	指導上の留意点（・）と評価（◇）
3分	1．本時の学習を確認する。	△今日の学習を確認します。	・学習計画表や「イチおしカード」を提示し，本時の学習を理解させる。
	イチおし場面を基に，作品の魅力を明らかにして「大造じいさんとガン」の推薦理由をまとめよう。		
3分	2．イチおしカードを提示し，推薦理由（魅力の視点）について確認する。	この作品の優れているところ＝魅力の視点 ①「イチおし場面とその理由」　人物像，相互関係による心情の変化 ②他作品との比較 ③その他の優れた表現 　暗示的に表されている心情などの表現など 　題名について	
3分	3．イチおし場面を見付けて線を引く。	△学習シートを開きます。「大造じいさんとガン」のイチおし場面に線を引き，引き終わったら全文掲示のその場所に名前の付箋を貼りましょう。	・単元の導入から前時までに意識させておき，すぐに線が引けるようにする。
5分	4．イチおしの理由（魅力その1）を中心に学習シートにメモする。	△イチおしの理由（魅力その1）を中心に学習シートに書きましょう。	・関連して魅力その2，その3についても読み解いたことを書く。
8分	5．グループ交流	△イチおしの理由（魅力その1）を中心に交流しましょう。関連して魅力その2，その3についても触れて構いません。	・司会を決めず自由に自分の考えを発表し合う。（自由交流） ・学習シートの本文の該当箇所を指でさして，どの叙述を選んでいるか相手に示すように

8分	6．自由交流	△全文掲示を参考に，自分と同じ所に付箋を貼った人や付箋を見てこの人と交流したいという人を見付けて交流してさらに広げましょう。	する。 ・広がったこと，深まったことをメモする。 （支）グループ交流や全体交流で友達の意見を聞いて推薦理由のヒントにさせる。 ◇比喩や反復，擬声語・擬態語，省略，倒置などの文章に表れる表現の工夫に気付き，「大造じいさんとガン」を読んでいる。（知(1)ク　学習シート）
13分	7．全体交流	○読み解いたことを発表してください。	◇「大造じいさんとガン」を推薦するために，人物相互の関係や心情，情景描写など優れた叙述を見付けながら読んでいる。（読エ　学習シート）
2分	8．学習の振り返りをする。	△今日の学習を振り返りましょう。	・交流を通して作品の推薦理由が明らかになったことを確認し，次時の学習に意欲がつながるようにする。

❸授業の様子

自由交流

全体交流

7 主体的・対話的で深い学びにつながる指導と評価のポイント

❶指導のポイント

並行読書について

廊下に椋鳩十コーナーを設置し，朝の時間を活用して椋鳩十作品を読むようにする。本校の学校図書館にある184の椋鳩十作品を並行読書教材として子供に提示した。多読することで，他作品と比較しやすくなり作者の意図や作風がとらえやすくなると考えた。

子供の読書傾向をつかんだり，交流相手を確認したりするためにマトリックス表を作成し，読み終わったらシールを貼る（青いシールは読んだ作品，赤いシール
は読んでおもしろかった作品，黄色いシールはイチおし作品。読み進める過程でイチおし作品が変わる場合があったり，2度目に読んだときに青いシールが赤シールに変わったりすることがある）。

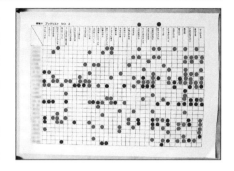
マトリックス表

学級の子供が共通に読んでいる作品を増やすために教師の読み聞かせも並行して行い，感想を言い合うような機会を併せて設けた。

指導について

教科書教材の学習では，全文掲示や学習計画表，学習シートを活用する。全文掲示には，選んだイチおしが分かるように全員の付箋を貼るので友達のイチおしがどこにあるか，誰と同じかを確認することができる。また，物語全体を俯瞰することで場面の移り変わりがとらえやすくなる。学習計画表は，本時の学習内容を確認したり「イチおしカード」の作成に向け，学習の

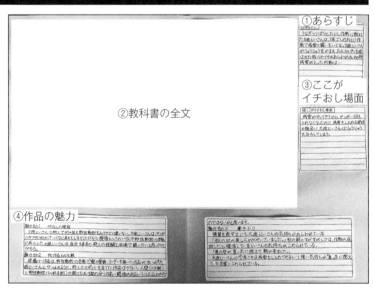
学習シート

流れを確認したりするために活用する。学習シートには，教材の全文（②）を載せ，①あらすじ，③ここがイチおしの場面，④作品の魅力（イチおしの理由，他作品との比較，書きぶり）などを書き込むようになっている。

❷評価のポイント

第5時間目の「C読むこと」の指導事項エについての評価規準は次の通りである。

> [読エ]登場人物の相互関係や心情,場面の描写について読み解いたことを基に「大造じいさんとガン」の推薦理由をまとめることができる。

次の子供の作品は魅力のポイントが3つあり,その3つが評価規準の観点に合っているものと判断し「十分満足できる」状況(A)とした。

イチおし場面
　ガンがハヤブサにねらわれた。その時,残雪がハヤブサと戦う。大造じいさんは残雪を倒すチャンスが…。しかし,じゅうを下ろしてしまった。

○魅力のポイント1
　大造じいさんの心情を,残雪との関係で説明している。「初めは○○だったけど,～」という書きぶりによって,登場人物の相互関係によって変わっていくじいさんの気持ちをとらえている。

○魅力のポイント2
　他作品と「大造じいさんとガン」はどこが似ていてどこが違うのか,そのことを推薦理由として挙げている。ここでは,「片耳の大鹿」を例に,「片耳の大鹿」では大鹿に命を救われて登場人物の気持ちが変化したが,「大造じいさんとガン」では残雪の仲間を思う行動によって大造じいさんの気持ちが変化したことを挙げ,優れている理由としている。

○魅力のポイント3
　優れた叙述を取り上げ,その叙述にどんな心情が見られるか想像を広げながら書いている。

「十分満足できる」状況(A)作品
子供が作成したイチおしカードから

また,以下の書きぶりの子供については「概ね満足できる」状況(B)とした。

○イチおしの理由に,飼育を通して変わっていく源次の気持ちの変化が書かれている点がよい。
○「大造じいさんとガン」と比べて,また戦うために放してやったが,仲良く暮らしていて源次もオオワシも幸せなので,より「大空に生きる」の方がよいとしている点がよい。
○情景描写に着目し,その叙述に源次のオオワシを捕らえたいという強い気持ちが表れているとした点がよい。

(友達が書いた付箋)
○イチおし場面を選ぶとしたらたぶんぼくも同じ所を選ぶと思います。理由もよく書けていると思います。
○動物といっしょに暮らしたいとか楽しいという表現は,他の作品にはないよさだなあと思い,共感しました。
○私も同じ作品を選びましたが,このカードを読んで源次の優しさを強く感じました。源次はオオワシに愛情をもって育てていたという考えに共感します。最初は敵同士という所から変わっていくのがよく分かります。

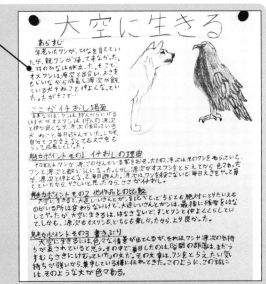

「十分満足できる」状況(A)作品

(但木　功)

第6学年の授業づくり　話すこと・聞くこと

大ピンチ！ 附属平野小学校
～よりよい学校をつくるために～

【時間数】全6時間・【教材名】問題を解決するために話し合おう（東京書籍6年）

1　単元の指導目標

○話合いを促進するための思考に関わる語句の量を増し，話合いの中で使うことができる。
（知・技(1)オ）
○互いの立場や意図を明確にしながら計画的に話し合い，考えを広げたりまとめたりすることができる。
（話すこと・聞くこと　オ）
○問題解決に向けて互いの立場や意図を明確にしながら話合いに参加しようとする。
（学びに向かう力等）

2　単元の評価規準

知識・技能	思考力・判断力・表現力等	主体的に学習に取り組む態度
・話合いを促進するための思考に関わる語句の量を増し，話合いの中で使っている。 （知・技(1)オ）	「A話すこと・聞くこと」 ・どのような話合いが，互いの立場や意図を明確にしながら計画的に話し合うことに有効かを考えている。　　（オ）	・問題解決に向けて互いの立場や意図を明確にしながら話合いに参加しようとしている。

3　単元について

　本単元は，問題を解決するための話合いを取り上げた単元である。「話合い」については，現行の『小学校学習指導要領解説国語編』に，相互の知識や考え，意見などを出し合い1つにまとめていく「協議」と，互いの考えの違いを大事にしながら多くの考えを関係付けていく「討論」との2つが挙げられている。本単元で取り上げているのは，「協議」である。つまり，違う考えがいろいろと出される中で，最終的に1つに集約していく話合いである。そのためには，司会，提案者，参加者など，それぞれが自分の役割をしっかりと担い，計画に沿って話合いを進めていく必要がある。限られた時間の中で，全体の考えを集約していくには，同じ人ばかり発言するのではなく，できるだけたくさんの人が考えを発表できるように進めていくことが大切になってくる。

また，時間が限られているため，ただ意見を出すだけではなく，すでに出ている意見と比較してつなげたり付け加えたりしながら意見を出すことで，最終的に集約しやすくなるよう，参加者も考えて発言することが必要となる。よって，話合いの進行を司会者に任せてしまうのではなく，話合いに参加する全員が話合いの流れを理解し，計画的に話し合いを進めていくために自分の役割としてできることを考えながら，話合いに参加することが重要となる。

　この言語活動を行う際，何よりも重要となるのは，話合いの議題である。協議での議題は，最終的に１つに集約する必要のあるものでなければならない。そのためには，子供自身が解決する必要があると考える問題を議題として取り上げることが有効である。本単元では，議題は子供自身が決めるように設定している。なぜならば，子供自身にとって，解決する必要がある問題であればあるほど，子供にとって話合いの必然性が生み出されるからである。おそらく子供からは，学級の問題や学校全体に関わる問題など，実生活に基づいた様々な解決したい問題が挙がってくるであろう。本単元ではその中でも，6年生という最高学年として解決できる問題に焦点を当てて議題を決定していく。自分たちの学級における問題を議題として挙げることも可能であるが，学校全体に関わる問題を取り上げることで，話合いの意見を述べるために調べたり聞き取りをしたりという，考えを裏付ける根拠を明確にするために，自ら改めて調査する場面が生み出されると考えたからである。子供にとって，問題解決の必然性があるならば，話合いは，子供自身が主体となって進めることができるであろう。この単元での学びが，今後委員会活動やクラブ活動，学級など様々な場において生かすことができるよう，実生活とつなげながら，協議するときの重要点を押さえていきたい。

新学習指導要領対応ガイド

❶言葉に着目した学びを生む指導の工夫
　本事例では，役割を決めて問題解決に向けて計画的に話し合う言語活動を位置付けています。活動だけを見ると学級活動と大きな違いはありません。しかし国語科のねらいに基づき，話合いを進めるには言葉をどのように用いるべきなのかに着目できるようにしています。特に本時の学習指導では，自分たちの話し合い方の現状と，望ましい話合いとを比較することによって，どのように言葉を用いて話し合うことが大切かを学べるようにしています。

❷学ぶ必然性を実感する指導の工夫
　話し合うことを学ぶ際にも，単に機械的な練習として話し合うのではなく，子供たち自身が話し合って合意を形成したり課題を解決したりしたいといった思いを十分膨らませられるようにします。本事例では，子供たちが必要だと実感できる協議題を設定するようにしています。

❸話合いをメタ認知する工夫
　話合いにおいてどのように言葉を用いるのかを考えるために，学習形態を工夫し，話し合うグループの状況を客観的にとらえられるようにしています。

4　言語活動とその特徴

　本単元における言語活動として,「役割を決めて問題解決に向けて計画的に話し合う」ことを位置付けている。問題解決に向けての話合いということは,話合いの結果,意見が広がって終わりではなく,最終的に問題を解決するという目的があるため,解決法を実行に移すために全体の意見を集約するという必要性がある。また,本単元では,「問題を解決するための方法を生み出す」という質の話合いであるために,解決したい議題は,子供自身で選択するように設定している。

　この2つの設定により,子供自身はその問題を解決したいと思うがゆえ,問題を解決するために全体の意見を最終的に集約しなければという必然性が生み出される。そうなると,司会者は意見をまとめる役割を全うする。参加者は,意見を出す立場として,ただ自分の思いや考えを述べるのみではなく,最終の目的を見据えて,全体で出ている意見に対して比べて共感したり反論したりなど,他の意見と自分の意見との関係性を考えながら,発言する。それぞれの役割を全うし,計画に沿って話合いを進める必要が生み出されるのである。さらに,話合いの聞き合いの場においても,よりよい話合いにするために,積極的にアドバイスを送り合いたいと思うようになる。教師の一方的な押し付けではなく,子供が主体となり,自身の思いや願いから話合いを計画的に進めていくことができるようになる。このような理由から,この言語活動が,本単元のねらいである互いの立場や意図を明確にして発言を関係付けながら,役割を意識して計画的に話合いを進めること（話すこと・聞くこと　オ）を実現するためにふさわしいものであると考えた。

　また,本単元の議題については,自分自身やクラスにおさまる議題ではなく,学校全体に関わることが議題として決定した。学校の最高学年という意識をもって議題を決定するからこそ,自分の立場も考えた上で意見を出し合うことを促すことができると考えた。また,学校全体が関わる議題にすることによって,今後この話合いの経験を子供自身が自分の実生活に生かしていくことができるのではないかと考える。子供に学びの必然性を生み出すことが,より話合いを深めるポイントになるのではないだろうか。

5 単元の指導計画（全6時間）

第1次

①学習課題をつかみ，学習の見通しをもつ。

本単元では「問題を解決するために話合いをする」という設定をしていることを知り，何を議題にするかを考える。また，話合いを進めるための学習の見通しをもつ。

第2次

②まず，役割を決めて話合いを行う。

次に，お互いの話合いの仕方を見合い，気付いたことをアドバイスし合う。

③前回の自分たちの話合いを振り返る。また，教科書の例と比較しながら話合いの進め方の重要な点を考え，自分たちの話合いの改善点を見いだす。　　　　　　　　　（本時）

④本番の話合いを小グループでそれぞれ行う。問題を解決するための方法を話し合い，意見を集約する。

⑤クラス全体で話し合い，問題を解決するための方法を出し合い，クラス全体の考えをまとめる。

第3次

⑥本単元の学習をまとめ，計画的に話し合う上で大切なことを振り返る。また，実生活で生かせそうなことを考える。

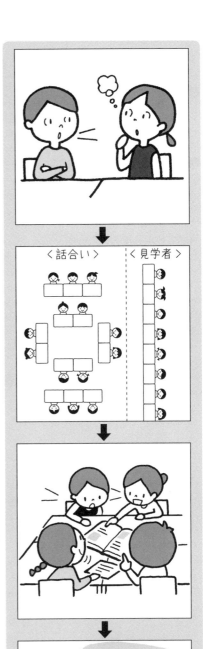

6　本時の学習（本時3／6時）

❶本時のねらい

前回の自分たちの話合いと，教科書の例の話合いとを比較することで，役割に応じた話合いの進め方の重要な点に気付くことができる。
（話すこと・聞くこと　オ）

❷本時の展開

時間	学習活動	主な発問（○）と指示（△）	指導上の留意点（・）と評価（◇）
5分	1．本時のめあてをつかむ。	○前回の自分たちの話合いを振り返って，よかったところや改善点を，教科書を参考に考えていきましょう。	
	\multicolumn{2}{c	}{教科書を参考に，話合いのコツをつかもう。}	
5分	2．前回の話合いのよかったところや改善点を，現段階で気付いている範囲で共有する。	○前回の話合いを振り返ってみて，どんなよかったところや改善点がありますか。今気付いていることを発表しましょう。	・前回の自分たちの話合いを振り返り，現段階で気付いているよい点や改善点について出し合うことで，自分が意識できている範囲を確認できるようにする。
20分	3．教科書を手本にして，前回の話合いのよかったところや改善点について考える。	○教科書を手本にして振り返り，自分たちの話合いのよかったところや改善点について，考えてみましょう。 △前回の話合いの細かい部分を振り返る場合，ぜひ前回の録音を聞いてみましょう。	・自分たちの話合いと教科書の例とを比較することを通して，よかったところや改善点について考えることで，話合いを進める上で重要なポイントに気付くことができるように声かけをする。 ・自分一人で見付け出した後は，適宜周りの友達と交流しながら，自分の考えを広げたり深

時間	学習活動	主な発問(◇)予想される反応(○)と指示(△)	○指導上の留意点 ◇評価【観点】
			めたりできるよう言葉がけをする。
10分	4．振り返った中で見つけた，話合いを進める上で重要なポイントを発表し，役割ごとの重要なことを考える。	△話し合って見付けたよかったところや改善点について発表しましょう。 ○話合いを進める上で重要なポイントとして，どんなことが考えられますか。	・話合いを進める上での重要な点を発表する際に，役割ごとに整理して自分の考えを発表するよう促すようにする。 ◇前回の自分たちの話合いと教科書の例の話合いとを比較することで，役割に応じた話合いの進め方の重要な点に気付いている。 【話・聞】オ
5分	5．本時の学習を振り返り，感想を交流する。	◇今日の学習を振り返り，気付いたことや考えたことを国語の感想にまとめましょう。	・感想を書いた後，その内容を交流することで，次時の学習につなげられるようにする。

❸本時の板書例

7　主体的・対話的で深い学びにつながる指導と評価のポイント

❶「主体的」に迫るポイント

話し合う議題を自分たちで決めていること

　子供自身が，自分の日常生活の中から議題を考えて決定することで，主体的な学びに迫ることができると考える。しかし，これは，子供に任せきりではいけない。事前に，教師自身が，どんなことが議題として挙げられるか，子供の思いや願い，学校の実態などを把握し，候補を挙げておくことが重要である。本単元であれば，事前に6年生の担任と1年生の担任とで話をし，現在1年生の課題として，まだ慣れていないために学校生活のルールやマナーが徹底できていない状態を把握していた。また，その中で，ぜひ高学年として6年生の力を借りたいという話も聞いていた。そのような背景をもちつつ，単元の導入に入った。そうすることで，子供にそのような他学年が困っていたり，悩んでいたりするところに焦点を当てられるように声かけをして進めていくことが必要となる。

❷「対話的」に迫るポイント

6年生全体で，解決に向かう方法を考え出さなければいけないという，最高学年としての責任感からの必然性がある上での議題にしぼっていること

　本単元の話合いの議題を，もし学級だけが関わるような内容であるならば，子供は，自分の考えや思いを発言するにとどまることが考えられる。しかし，議題の内容が，6年生全体が動かねばならない，しかも最高学年としての振る舞いが必要となる内容である場合，自分個人がどう思うか，どう考えるかでは，最終結論を出すことは難しい。6年生同士が意見を出し合い，練っていかなければ，解決にはつながっていかない。ここに，話合いの質をより「対話的」なものとする仕掛けが隠されている。

❸「深い学び」に迫るポイント

実生活とつながった議題であること。また，問題の解決方法は1つではないこと

　子供に深い学びを促す仕掛けとして重要な点は2つあると考えられる。1つ目は，学習題材が「自分事」ととらえられるものであること，2つ目は，答えが1つではない，多様な解が考えられる問いであることの2つである。1つ目については，本単元では，子供自身に，学校全体に関わる問題として解決する必要がある問題を考えたり，1年生の担任の先生の思いを知って，最高学年の自分たちが解決しなければならない必要性を感じたりしながら，自分の実生活に関わる問題を議題として取り上げられるように仕掛けている。実生活とつなげるということは，子供にとって，その学習が自分事であると感じるには非常に有効であると考えられる。また，2つ目については，深い学びを生み出そうと考えたとき，答えが決まっていたり，1つしかなかったりすると，正しい解答であるかどうかの議論になることが考えられる。そうなると，学びの枠は限られてしまい，深い学びには到達しえない。どれが解決方法として適切なのか，

また本当に実行できるのか，そもそも自分たちが本当に解決できるのか，誰かに働きかけなければ解決できないのか。様々な方法を考えるからこそ深い学びを生み出すことが可能になると考える。

❹「主体的」を促すためのポイント

話合いのすべてを録音し，後ほど聞き直せるようにする

　本単元の学習においては，グループで話合いを進める機会を多く設定している。その場合，指導者自身がその話合いを聞き取ることができなかったり，子供自身が振り返ることができなかったりすることが想定される。そこで，各グループに録音機を設置し，自分たちの話合いの記録を残すようにした。そうすることで，指導者が聞いて評価できるよさももちろんあるが，何より，子供自身が，自分たちの話合いを客観的に聞き，自己評価することができる。自分たちの話合いを教科書の例と比較しながら振り返るときにも，実際に録音したものを聞くことによって，細かい点まで確認することができる。このような，物的な環境を整えることが，主体的な学びを生み出すことにつながると考えられる。

❺「対話的」を促すためのポイント

話合いを自己評価・他者評価する機会を設ける

　本単元では，自分たちの話合いを客観的にとらえる方法として，録音のみではなく，他のグループの話合いを聞いてアドバイスをするという場を設けている。しかも，話合いのポイントを教科書の例と比較するよりも先に，グループ同士で見合う場を設定している。それにより，話合いの重要なポイントを，友達との対話から学ぶことができる。このように，他者評価を行う場を設定することが，「対話的」な学びを生み出すことにつながるのではないかと考える。

＊この事例は，大阪教育大学附属平野小学校　村田未沙輝先生の授業をまとめたものです。

（岩﨑　千佳）

第6学年の授業づくり　書くこと

2 将来の仕事について調べて調査報告文を書こう

【時間数】全11時間・【教材名】なし（開発単元）

1 単元の指導目標

○目的や意図に応じて書きたいことを選び，伝えたいことを明確にするとともに，その目的や意図を踏まえて簡単に書いたり詳しく書いたり，事実と意見とを区別して書いたりすることができる。

（書くこと　ア，ウ）

2 単元の評価規準

知識・技能	思考力・判断力・表現力等	主体的に学習に取り組む態度
・「三方よし」の視点を踏まえて情報と情報との関係付けの仕方を考え，自分の文章に生かして書いている。 （知・技(2)ア）	「B書くこと」 ・将来の仕事について調べたことをまとめるという目的や仕事について考えたことを他者に分かってもらえるように書くという意図に応じて，材料を取捨選択している。　　　　　　　　　　（ア） ・目的や意図に応じて，簡単に書いたり詳しく書いたり事実と意見とを区別したりして考えが伝わるように書き表し方を工夫している。　　　　　（ウ）	・自分の選んだ将来の仕事について考えるために必要な情報が得られるよう，情報収集の仕方を工夫して書こうとしている。

3 単元について

❶子供について

　卒業を前にして第6学年の子供は，小学校生活の思い出に浸ったり，これから来る未来へ思いを馳せたりする機会が増え，自分の成長や今後の飛躍を意識する日々を送っている。そのような中，総合的な学習の時間や道徳などの学習で，子供は，具体的に，自分が将来従事したい仕事への憧れを膨らませるようになっている。「書くこと」の学習では，自分の考えを分かりやすく伝えるために，構成を工夫することや，効果的な表現を考えて書くことが少しずつできるようになってきている。しかしながら，自分の考えを伝えるために，適切な根拠や事例を選ぶことや，目的や意図に応じて，事実や意見を書き分けることはまだ不十分であり，本を引用

して適切に表現することについても，重点的に指導する必要がある状況である。

❷単元について

　本単元では，子供が将来への思いをもって調べたり，話し合ったりして，保護者や学級の友達という読み手によく分かるように，調査報告文を書く活動を行う。その中で，調べた事柄を整理し自分の考えを明確にして，その考えを伝えるために，事実と感想，意見などを区別するとともに，目的や意図に応じて簡単に書いたり詳しく書いたりする力を身に付けることが，主な目標である。小学校生活のまとめの時期に，子供が，自分の，将来従事したい仕事への考えを書きまとめ，保護者に理解してもらったり友達とその思いを共有したりすることは，今後の生活に希望をもち，次の生活への足がかりとする上で，意義深い単元だと考える。

❸指導に当たって

■書く目的・相手・価値などを意識付けた単元設定の工夫■

　導入時に，地域でお世話になっている弁護士さんの話を聞く活動を入れ，やりがいや苦労談などから，実社会で働く人の思いに触れるようにする。また，書き上げた後，保護者からメッセージをもらう，卒業記念タイムカプセルに入れるなどの計画を立て意欲化を図る。

■目的・意図に応じて書くために必要のある事柄を集め整理するための手立ての工夫■

・実際に働く人の思いや考えを取材するために，地域の方や保護者，教師など周りの方々へのインタビュー活動を取り入れ，本や資料だけでは得られない事柄を集めるようにする。
・自分の考えを明確にするために，色分けした取材メモに書いたり，小見出しを書き出したりして，事柄を分類整理しながら構成表を作るようにする。
・自分の考えの根拠が適切かどうかを見直すために，友達と話し合う活動を位置付ける。

■自分の考えを伝えるための効果的な表現で書くための手立ての工夫■

・下書きの記述内容を読み合い，表現についてアドバイスし合う活動を位置付ける。

新学習指導要領対応ガイド

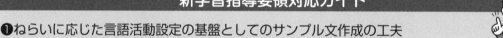

❶ねらいに応じた言語活動設定の基盤としてのサンプル文作成の工夫

　本単元で取り上げている調査報告文は，中学年から経験する言語活動です。しかし，6年生と中学年とでは指導のねらいが異なります。本単元でねらう能力を確実に身に付けられるようにするためには，教師自身がモデル文を書いてみることが重要な教材研究方法となります。本事例のモデル文（p.98を参照）は，その指導のねらいに合致するよう，自分が調べた仕事についての意見とそれを支える事実とがきちんと対応するように作成されています。

❷自分の考えを支える事実を選んで書けるようにするための指導の工夫

　本事例では，考えがきちんと伝わる文章になるようにするために，構成を考えた後に材料を見直す場面を設定し，必要な材料が入っているかを見直すことができるようにしています。

4　言語活動とその特徴

　本単元に位置付けた言語活動は，将来の夢について調べたり意見をまとめたりして調査報告文に書くというものである。調査報告文は，見聞きしたことや経験したこと，調査・研究を行ったことなどの状況や結果について，客観的な事実を基に考えをもち，特定した読み手に分かりやすく報告するという特質をもつ。本単元では，子供が将来への思いをもって調べたり，話し合ったりして，保護者や学級の友達という読み手によく分かるように，効果的な表現を用いて調査報告文を書く。その過程で，実社会や実生活との関わりをもたせ，必要な相手にインタビューをしたりアンケートをしたりして幅広く取材し，自分の考えが伝わるように，事実を引用するなどして書くことが学習の中心となる。

　下は，弁護士さんの話を基に教師が作成したサンプル文である。子供が，調査報告文のイメージをもち，取材や構成，記述の仕方について考えを深めるために活用した。主な構成は，【調べたこと・調べた方法・調べた結果（1～3）・自分の考え・今後の展望】である。

①　テレビなどで，人々の相談に応じ，様々な争いごとを解決していく弁護士さん。私は，ドラマの中で，法律をもとに論理的に説得する姿を見て，弁護士さんにあこがれをもちました。また，弁護士さんが，裁判で困っている人の側に立って話をすることで，トラブルがきちんと解決していく様子を見て，将来，この仕事をしてみたいと思いました。そこで，仕事の内容や役割を調べました。

②　調べた方法は，本やインターネット，弁護士さんとの学習でのインタビューなどです。

③　まず，弁護士さんの仕事内容です。弁護士さんには主に四つの仕事がありました。一つ目は裁判，二つ目は法律相談，そして四つ目は契約書の作成を行います。

④　一つ目の裁判には，刑事裁判と民事裁判があります。刑事裁判では，犯罪を犯した被告人の立場に立ち弁護する仕事をします。検察官に対して「弁護人」と呼ばれ，被告人の冤罪を防いだり，理由を聞いて罪状を確定したりします。民事裁判では，個人と個人の争いごとの解決をする仕事をします。個人の「代理人」と呼ばれ，民法にもとづき解決の手助けをします。裁判は，法律をもとに行われることがあり，自分の考えが分かってもらえないときには，とても苦しいということです。

⑤　二つ目の法律相談は，法律相談を受けてアドバイスをする仕事をします。相談窓口が各区の役所などに置かれています。また，三つ目の直接交渉は，裁判をする前に，関係者に直接会い，話を聞いて交渉をします。そして四つ目の契約書の作成は，トラブルを未然に防ぐために，お互いが守るべき条件を書いておき，きちんと守る働きかけを行います。

⑥　次に，弁護士になるための方法です。弁護士さんになるためには，大学を卒業した後，法科大学院というところに二年か三年間行き，関係のことを中心に学習する必要があります。その後，司法試験を受けて合格したら，一年間の司法修習の末，試験に晴れて弁護士さんになることができます。とても長い間学習し，試験の倍率も高いことが分かりました。

⑦　ちなみに，司法試験では，弁護士・裁判官・検察官の三つのコースに分かれていくそうです。三つの立場は違っているようですが，「法律を守りみんなが仲良く暮らす社会をつくる」という点では共通しています。

⑧　最後に弁護士さんの仕事の意義を感じたことをたずねてみたところ，次のように答えてくれました。実際に，弁護士のY先生に，弁護士の仕事のやりがいを感じたことをたずねてみたところ，次のように答えてくれました。

⑨　「刑事裁判の場合，社会全体のみんなが被害者の立場に立つことが多く，その中で，加害者の弁護をすることは，とても孤独な仕事でしょうが，犯罪を犯してしまった人に，その後の人生を，正しくよりよく生きていってもらえるように手助けをして，実際にそのように過ごしてくれているとき，心からこの仕事をしていてよかったと思います。罪を裁くだけでなく，その後のその人の更生を支援することが弁護士の大切な役割だと考えます」と。

⑩　Y先生が，検察官や裁判官を選ばずに弁護士になった理由が分かった気がしました。

⑪　これらのことから，私は，弁護士さんは，困ったことが起きた後に解決するのはもちろん，困ったことが起きないようにする努力をし，犯罪を犯した人にも更生のチャンスを与え，愛情をもって平和な社会を築いていくために，大きな役割を果たしていると考えました。

⑫　私は，今後，学級や社会の中で，周りの人たちの立場や思いを理解し，冷静に判断できる力を身に付けたいと思います。そして，中学校，高校，大学と学習を重ね，私の今のあこがれの仕事，弁護士さんになれるよう，努力を続けていきたいと思っています。

①	話題 調べたこと きっかけ
②	調べた方法
③	調べた結果 仕事内容
④	**事実1 仕事内容** ・一つ目の仕事・裁判
⑤	二～四つ目の仕事 ・法律相談 ・直接交渉 ・契約書作成
⑥	**事実2 なる内容** ・なる方法 ・司法試験
⑦	司法試験
⑧	なるための学習
⑨	弁護士の仕事の意義
⑩	**事実3 仕事の意義** ・言葉の引用 ・刑事裁判
⑪	Y先生がなった理由
⑫	自分の考え
⑬	今後の展望

5 単元の指導計画（全11時間）

第1次

　将来の夢や仕事について話し合い，本単元「わたしの夢・あこがれの仕事」を設定する。

①仕事のよさや特徴を話し合い，単元及び課題の設定をし，見通しをもって学習計画を立てる。

②自分の憧れの仕事（題材）を選び，調査報告文の特徴や構成内容を話し合う。

第2次

　本や資料で調べたり周囲の人へインタビューをしたりして，書く事柄を幅広く取材，整理し全体を見通して効果的に組み立てる。

③自分の憧れの仕事について，地域で働く方々や保護者などに向けて，幅広く取材をする。

④自分の考えを深め，書くために必要なことを考えながら，小見出しを基に，調べた事柄を整理する。

⑤自分の考えが読み手によく伝わる内容になるように文章を組み立てる。

⑥⑦グループの友達と話し合い，読み手がよく分かるように内容を見直し，必要な事柄を再取材する。　　　　　（本時⑥）

第3次

　表現の効果を工夫して下書きをし，推敲をする。表記に気を付けて清書をする。

⑧組み立てに従って，読み手に伝わるように下書きをし，見直しをする。

⑨表記に気を付けて丁寧に清書する。

第4次

　完成した文章を読み合い交流し，本単元の学習をまとめる。

⑩完成した文章を友達と読み合い，交流し合う。

⑪本単元の学習についてまとめ，保護者からメッセージをもらい，卒業記念タイムカプセルに入れる。

6　本時の学習（本時6／11時）

❶本時のねらい
　グループで構成表の取材内容を説明し合い，話し合う活動を通して，自分の考えがよく伝わるかどうかを確かめ，必要な取材内容について見直すことができる。　　　　　（書くこと　ア）

❷本時の展開

時間	学習活動	主な発問（○）と指示（△） 子供の意識（☆）	指導上の留意点（・） と評価（◇）
5分	1．本時学習のめあてを話し合う。	△今日は，取材内容がよいかどうか見直すのでしたね。 ☆取材内容が，まだ何か足りないので見直そう。	・前時までに，自分の考えに照らして，集めた事柄を整理し大まかに構成表を作っている。（仕事の意義に関わる内容が乏しい）本時では，取材内容が適切かどうかを吟味し，見直すことを確認する。
	自分の考えが伝わるように，取材内容を見直そう。		
15分	2．グループで，各自，構成表の内容を説明し合い，アドバイスし合う。 【子供の構成例】 ○今後の展望 ○自分の考え ・事実③ ・事実② ・事実① ・調べた方法 ・調べたわけ・きっかけ ○調べたこと 　結果（分かったこと）	○友達に説明して，お互いの取材内容を比べて考えてみましょう。 ☆友達と比べて考えよう。 △自分の考えと構成表の内容を，小見出しに沿って説明し合いましょう。そして，分からないところは質問し合いましょう。 △それぞれが，どのように見直しをしたらよいか考えてアドバイスしましょう。 ☆Aさんの美容師のやりがいは何かな。Bさんの仕事内容を詳しく知りたいな。	・3，4人のグループで行うようにする。 ・説明を聞き，分からない点を質問し合う活動を入れて，取材不足の部分や整理不十分な部分に目が向くようにする。 ・自分の考えが，よく伝わるかどうかを，それぞれの仕事や考えに応じて吟味し，話し合うようにして，再取材の必要な事柄について考え合い，アドバイスし合うようにする。
10分	3．自分の考えが伝わるために大切なことを確かめる。	○自分の考えが伝わるために，どのようなことを見直すとよいですか。サンプル文の構成・内容と比べて考えましょう。	・まず，グループでのアドバイスの内容を報告し合うようにする。その後，導入時に提示したサンプル文を基に，見直しのポイントを話し合うようにする。

		☆サンプル文には,「大きな役割を果たしている」という筆者の考えを支えている事実がきちんとあるけど,私たちのは,はっきりしないね。	・各自,仕事の役割や価値を書いているものの,考えを支える事実(やりがいやよさ・エピソードなど)が取材できていないため,考えが伝わりにくいことに目が向くようにする。

【子供に気付かせたいこと】
・自分の考えを支えるための事実が,適切に選ばれていること
・事実と考え,感想が,区別され整理されていること
・全体の文章のつながりがよく分かること(調べたこと・方法・結果・考え・今後の展望) など

10分	4．文章全体を見通して構成表を見直し,再取材する事柄を書く。	○自分の構成表に自分の考えを支える事実があるかどうか,見直しましょう。 △必要だと思うことをメモに書き加えましょう。取材方法も考えてみましょう。 ☆考えが伝わるためには,どんな事柄が必要かな。	・特に支援を要する子供には,事前に用意したヒントカードを渡したり相談に応じたりする。 ◇自分の考えがよく伝わるように,再取材の必要なもの,整理の仕方の適切でないものなど,これまでに取材した内容を見直している。(書ア)(構成表への記述)
5分	5．本時の学習を振り返り,次時の学習について話し合う。	○今日学習してよかったことを話しましょう。 次の時間は,どんなことをしたいのですか。	・次時は,必要な事柄について再取材を行い,構成表を仕上げることについて話し合う。

❸本時の指導のポイント

友達と話し合いアドバイスをする活動(学習活動2)

構成表の取材内容を説明し合い,話し合う際には,お互いの構成表のコピーを準備しておき,説明を聞きながら,気付いたことや,疑問点,考えなどを書き込めるようにして,考えやすくなるようにした。

自分の考えが伝わるために大切なことを確かめる活動(学習活動3)

導入で使ったサンプル文を基に話し合い,調査報告文の特質を確かめ,見直しの観点を見いだすようにした。また,道徳で学んだ「三方よしの視点」,つまり地域社会への貢献のために【①自分よし=自分も納得,②相手よし=相手も満足,③社会よし=社会に役立つ】という視点が大切であるということも,見直しの観点として取り入れるようにした。

自分の構成表の見直しをする活動(学習活動4)

見直しの観点を確かめた後,自分の構成や内容と対比して考えるようにした。深く考えながら吟味するようにし,不足しているもの,整理の仕方が不適切なもの,組み立ての順序が適切でないものなどの見直しをして,必要に応じて取材メモを加除修正するようにした。

7 主体的・対話的で深い学びにつながる指導と評価のポイント

❶指導のポイント

主体的な学び

主体的な学びの実現には，子供に，書く必要感や課題意識を明確にもたせることが大切である。本単元では，事前に，総合的な学習の時間で，多くの職業やその職業に就くための方法などを調べる中で，自分の夢や職業に目が向くようにした。また，道徳で学んだ「三方よし」の視点を通して，右のような「夢・仕事カード」を書き，自分の憧れの仕事を考えるようにした。

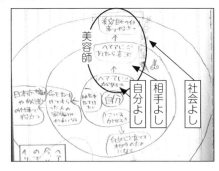

右上の例でA児は，自分に適していて，相手が満足し，社会に貢献できる「美容師の仕事」を挙げている。このように，個々の思いを膨らませて，「調査報告文を書いて保護者や友達に報告する」ことの必要感や課題意識を明確にもつようにした。

対話的な学び

他者の生き方や考え方に触れさせて，自分自身の考えを深めることが，対話的な学びの実現につながる。本単元では，憧れの仕事が，子どもにとってより身近なものとなるように，保護者にアンケートしたり，実社会で働く方々にインタビューしたりする活動を取り入れた。また，友達と取材内容の見直しの話合いを行うことで，考えを広げ深めるようにした。左は，保護者へのアンケートの集計表，右は，A児が美容院に行った際の取材カードである。

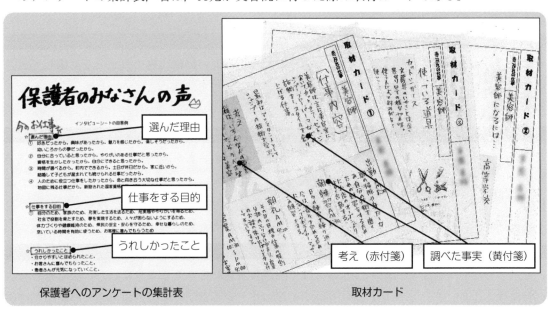

保護者へのアンケートの集計表　　　　取材カード

深い学び

　言葉による見方・考え方を働かせ，言葉の意味，働き，使い方に着目して，深い学びとなるようにするために，構成や取材内容について，自分のものとサンプル文とを対比して考え吟味するようにした。具体的には，自分の考えを支える根拠となる事柄（ここでは，仕事の意義）について，サンプル文の適切な事柄と自分の不十分な事柄とを比べて関係付けて考え見直すようにした。次の「評価のポイント」で，A児の例を通して詳細を述べる。

❷評価のポイント

　「書くこと　ア」については，第2次（本時）において，自分の考えを支えるための事実が，適切に選ばれていること，事実と考えが区別され整理されていることについて，子供の見直した構成表を基に評価する。また，「書くこと　ウ」については，下書きの記述内容を分析し評価する。教師は，取材メモ（下表）の操作の活動状況や，実際に書いた下書き用紙の記述内容などから，子供の思考や活動の跡を細やかに見取り，評価をして，次への指導に生かしていくことが大切である。

　本時の学習のA児の例では，以下のような点を評価する。[1]仕事内容について，詳しく書き加えをしている（下表①）。また，[3]仕事の意義について，再取材に行き，美容師さんから「髪型だけでなく，その他にも様々なところをきれいにして，幸せな気持ちにできる仕事であること，お客様の生活の一部，役立つすばらしい仕事」を聞き取り，下の構成表のように取材メモを加えている（下表②）。[4]自分の考えを書き換えて「美容師の仕事は人のかみ型だけでなく，様々なところをきれいにし，人を幸せにするすばらしい仕事だ」（下表③）としている。

[1]仕事内容	[2]なる方法	[3]仕事の意義（苦労・やりがい）	・かみ型だけでなく、カットやパーマをして、かみ型のデザインを作り上げることができるところ。	[4]自分の考え	[5]今後の展望
・まず最初に、美容師の仕事内容。カウンセリング、シャンプー・ブロー、カット、パーマの四つ。 ・一つ目のカウンセリングはどんなかみ型にしたいか要望を聞き、かみの生え方、毛量をチェックする。 ・二つ目のシャンプー・ブローは気持ちのよいシャンプー・ブローはスタイリングしながら乾かす。かなりの練習が必要。①技術がいる。 ・三つ目のカットは全体のバランスを見ながらかみを切る。かみが伸びてもまとまり、バランスが保てる。 ・四つ目のパーマはパーマ剤を使ってかみにウェーブを出す。お客さまが満足いかないとやり直し。慎重な対応が必要。①専門的な知識や技術が必要。	・次に美容師になる方法。高校卒業後、美容師の専門学校で二年以上学び国家試験に合格しなければいけない。美容師の知識・技術や、科学や身体などの知識も問われる。	・やりがいあげられる仕事。 ・美容師の仕事の大変なところは、他の業種と比べて休日が少なく、長時間労働になりがち。		③美容師の仕事は人のかみ型だけでなく、様々なところをきれいにし幸せにして、②お客さまの生活の一部。役立つすばらしい仕事。 ・美容師の仕事は人のかみ型だけでなく、様々なところをきれいにして、幸せにすることができる。	・私は、自分のことだけでなく、周りの人のこともよく考える人になり、素敵な美容師になれるように努力を続けていきたいと思う。

（岩倉　智子）

第6学年の授業づくり　読むこと（説明文）

星野道夫展で伝えよう

【時間数】全9時間・【関連教材】森へ（光村図書6年）他星野道夫作品
【並行読書材】クマよ（複音館書店），ナヌークの贈りもの（小学館），Michio's Northern Dreams シリーズ（PHP エディターズグループ）他

1　単元の指導目標

◎作家の考えを理解するために，関連する複数の本や文章，写真などを比べて読み，読書が自分の考えを広げることに役立つことに気付く。　　　　　　　　　　　　　　　　（知・技(3)オ）
○思考に関わる語句の量を増し，文章の中で使うことで語彙を豊かにするとともに，語感や言葉の使い方に対する感覚を意識して，語や語句を使う。　　　　　　　　　　　　　（知・技(1)オ）
○文章に表れた作者の考えをより深く理解するために，関連する複数の本や文章を読んで考えを明確にする。　　　　　　　　　　　　　　　　　　　　　　　　　　　　　（読むこと　オ）
○作者に興味を抱いて複数作品を重ねて読もうとしたり，作品の叙述や用いられている写真について友達と交流して考えを広げようとしたりする。　　　　　　　　　　　　（学びに向かう力等）

2　単元の評価規準

知識・技能	思考力・判断力・表現力等	主体的に学習に取り組む態度
・作家の考えを理解するために，関連する複数の本や文章，写真などを比べて読み，読書を通して広がった考えを生かして作品を推薦している。 　　　　　　　（知・技(3)オ） ・推薦に用いる語句の量を増し，推薦文の中で使うことで語彙を豊かにするとともに，語感を意識して，推薦文に用いる語や語句を選んでいる。 　　　　　　　（知・技(1)オ）	「C読むこと」 ・文章に表れた作者の考えをより深く理解するために，関連する複数の本や文章を読み，一つの文章だけではとらえきれない作者の生き方や考え方についての理解が，複数の文章を読むことでどのように深まったかを明確にしている。 　　　　　　　　　　　（オ）	・作者に興味を抱いて複数作品を重ねて読もうとしたり，作品の叙述や用いられている写真について友達と交流して考えを広げようとしたりしている。

3 単元について

❶目指す子供の姿について

　本単元で子供は,「星野道夫さんの言葉や写真から受け取ったメッセージを,星野道夫展を開いて保護者や全校のみんなに伝える」という課題意識をもって学習に取り組む。星野さんの言葉に込められたメッセージは深く,一人一人の心に響く叙述や写真が数多くある。しかし,一読しただけではその意味が分からない叙述もある。星野さんのメッセージを自分がより深く解釈して保護者や全校のみんなに広く伝えるためには,星野さんの作品を複数読み重ね,対話的な学習を通して考えを深めていく必要がある。自分がもっと考えを深めたいと思った星野さんの叙述について,叙述と叙述や写真と叙述を結び付けながら読む力,友達と叙述の解釈について話し合うことで,自分の考えを広げ深める力を身に付けていくことを目指す。

❷主たる教材文について

　本単元で扱う主教材「森へ」は,大自然の中に筆者が入り,直接見たり体験したりしたことが細かな描写で語られている。また,星野道夫自身が撮影した写真も掲載されており,自然に対する子供の想像を豊かにし,自分の考えをもつ一助になると考える。叙述から想像を広げ考えたことが写真ではどのように感じられるのか,写真と叙述とを関連付け,興味をもって読むことができると考えた。

　並行読書材には,「クマよ」「ナヌークの贈りもの」「Michio's Northern Dreams」シリーズや写真集などを選んだ。同じく星野道夫の写真と言葉が多く収められている作品や星野道夫の生き方やメッセージをとらえられるような作品を選ぶこととした。これらの作品では,星野道夫が伝えているメッセージは同じでも,様々な言葉や写真で表現されているため,子供が関連付けたり解釈したりすることができると考えた。

新学習指導要領対応ガイド

❶複数の本や文章を関連付けて読む力を育てるための指導過程の工夫

　高学年ではより多面的なものの見方が重要になります。本事例では,作家の生き方や考え方をより深くつかむために,同一作家の複数作品を読んで発信する言語活動を位置付けています。このことによって,一つの作品だけではなく,複数の作品を関連付けて読むことが,考えの深まりにつながることに気付くことができるよう工夫されています。

❷必然性のある読みの交流のための支援の工夫

　自分の考えをより確かなものにするために,交流を位置付けています。本時では星野道夫作品の読みをパネルにまとめることに向けて,まだ疑問になっているところをはっきりさせるために話し合うという学習のめあてが設定されています。これは,子供たちが交流する目的や必要性を十分実感できるようにするための指導の工夫として有効です。

4 言語活動とその特徴

❶言語活動

　本単元における言語活動として「本を読んで推薦の文章を書く」ことを位置付けた。推薦するには，複数の作品を読んだ中で推薦する対象を決め，自分の考えを明確にすることが必要である。本単元では，星野道夫の思いが込められた叙述や写真に対する自分の考えを深めるために友達と話し合うことで，「読むこと　オ」の力が身に付くと考えた。

　また，星野さんの思いに迫り，自分の考えを深めるために複数の本を重ねて読み，推薦の際に引用する叙述や写真を選んだりするため，〔知識及び技能〕(3)オの力が身に付くと考えた。

❷パネルの様式と内容

　自分たちで開催する星野道夫展に展示するパネル作品は，身に付けたい力が表れるような様式・内容にする。

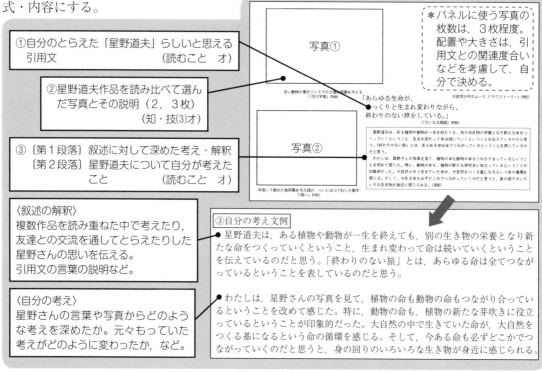

- ①自分のとらえた「星野道夫」らしいと思える引用文　　　　　　　　　（読むこと　オ）
- ②星野道夫作品を読み比べて選んだ写真とその説明（2，3枚）　　　　　　　　　（知・技(3)オ）
- ③〔第1段落〕叙述に対して深めた考え・解釈
　〔第2段落〕星野道夫について自分が考えたこと　　　　　　（読むこと　オ）

〈叙述の解釈〉
複数作品を読み重ねた中で考えたり，友達との交流を通してとらえたりした星野さんの思いを伝える。
引用文の言葉の説明など。

〈自分の考え〉
星野さんの言葉や写真からどのような考えを深めたか。元々もっていた考えがどのように変わったか，など。

❸写真を読む

　本単元では，写真も解釈の対象とした。写真を読む視点を与え，引用文との関連を考えたり自分の考えに生かしたりした。

| 川で熊が鮭を捕る写真 | 〔写真を読む視点〕
・この写真にぴったりなオノマトペは？
・全体を見て感じることは？
　例）季節は？　温度は？　音は？　においは？
・○○（動物のポーズ，植物，場所…）から感じることは？　など |

5　単元の指導計画（全9時間）

第0次
　星野道夫に関心をもつ。
・没後20年特別展「星野道夫の旅」の鑑賞をしに行く。
・星野道夫が撮った写真を見て，作品や写真に興味をもつ。
・映像視聴や読み聞かせを通じ，星野さんの経歴を知る。
・写真集を見て心に残った写真についてグループで交流する。

第1次
　学習課題をもつ。
①星野道夫の作品を全校のみんなに伝える展覧会を開くという課題を立てる。
　学習計画を立てる。

第2次❶
　星野道夫の思いをとらえ，自分の考えを明らかにする。
②星野道夫の考えや思いをとらえるために，「森へ」を読む。
　自分の考えを深めるために，叙述についての疑問を挙げる。
③グループで話し合いたい「森へ」の疑問を決める。
④「森へ」や並行読書作品の一人読みを行い，疑問の答えとなりそうな関連する叙述や写真を見付け，自分の考えをもつ。
⑤「森へ」の疑問をグループで交流して解決し，星野道夫の思いや考えを自分なりにとらえる。　　（本時）

第2次❷
　星野道夫の思いから深めた自分の考えをパネル作品に表現する。
⑥自分がとらえた星野道夫の思いを表す引用文・写真の候補を選ぶ。
⑦引用文が自分のとらえた星野道夫の思いと合っているかどうか，また，候補にしている写真が引用文と関連しているかどうかをグループで検討する。
⑧パネルで使う写真と引用文を決めて，解釈の文を書く。

第3次
　星野道夫展を開く。
⑨できあがった作品を互いに鑑賞する。
　校内で星野道夫展を開催する。

並行読書

6 本時の学習（本時5／9時）

❶本時のねらい

「森へ」についての疑問を，友達との考えの交流を通して解決し，星野道夫に対する自分の考えを広げることができる。
　　　　　　　　　　　　　　　　　　　　　　　　　　　　　　　　　（読むこと　オ）

❷本時の展開

時間	学習活動と内容	基礎的指導（○）と 補充的・発展的指導（◎），評価（◇）
1分	1．本時のめあて・学習の流れを確認する。 グループで話し合って「森へ」の疑問を解決して，星野さんの思いをつかもう。	
4分	2．疑問に対する自分の考えを確認する。 ・自分の考えをメモした交流準備シートを読み返し，疑問に対する現時点での自分の考えを確認する。 ・全文シートや写真集を開き，自分が関連付けた疑問の根拠となる叙述や写真を確認する。	◇「森へ」の中から挙げた疑問について，様々な作品の叙述や写真を関連付けながら星野道夫の考え方についてのとらえを交流して，自分の考えを広げている。 　　　　　　　　　　　（読 オ） 【交流の様子・振り返りの記述】 ○星野道夫についてあまり知らない校内の人や保護者に向けて展覧会を開くという目的を確認し，星野さんの思いを伝えられるパネルを作るために話し合うことを確かめる。 ○事前に，話合いで使うと考えが深まる言葉を提示する。 ○疑問に対して，必ず根拠となる叙述や写真をしっかりと指し示すように指導する。
30分	3．疑問をグループで話し合い，解決する。 ・今話し合っている疑問を書いた付箋は，交流整理シートの「話し合い中」枠に貼ること。 ・疑問に対する考えを交流すること。 ・根拠となる叙述や写真をしっかりと示しながら話すこと。 ・1つの疑問に対し，グループの中で必ず全員に考えがもてたかどうかを尋ね，どのような考えになったかを一人ずつ話すこと。 ・グループの全員が自分の考えをもつ	○疑問に対する自分の考えをもつための交流であるため，グループの中で全員が同じ考えにならなくてもよいことを確かめる。 ◎自分の意見が話せない子供には，友達と同じ考えでも，自分の言葉で話すよう助言する。 ◎読みの深い子供には，話合いを進める役割として，他の子供に意見を求めたり，話を整理したりする必要があることを伝える。 ◎自分たちで考えを深めるのが難しいグループには，教師が加わり，話をつなげる。

	ことができたら解決とし，付箋を「解決」枠に貼り，次の話題へと移ること。 ・もっと考えを深めたり広げたりしたいと思った疑問は，付箋を「他のグループに聞いてみたい」枠に貼ること。 ・どうしても解決することが難しそうだと判断した疑問は，付箋を「保留」枠に貼ること。	
5分	4．パネル作りに向けて，交流を通して深めた自分の考えから，星野さんが伝えているメッセージとは何か考えること。 ・ワークシートに，自分のとらえた星野道夫の思いを書き込むこと。 ・その思いを最もよく表す引用文や写真を探すこと。	○話し合いが終わったグループから考えるように指導する。 ○グループでの話合いを基に考えるよう，声をかける。 ◎自分のとらえた星野道夫の思いが，1つにまとまらない場合は，複数を書き留めておき，その中から特に自分が伝えたいものを次時以降選んでいくように伝える。
5分	5．学習の振り返りをする。 ・どのような考えが加わったか。 ・どのように考えが変わったか。 ・どのような考えが確かになったか。	○グループで話し合った中で，誰のどのような発言があって，どのように考えられるようになったか，書くように助言する。

❸本時の板書例

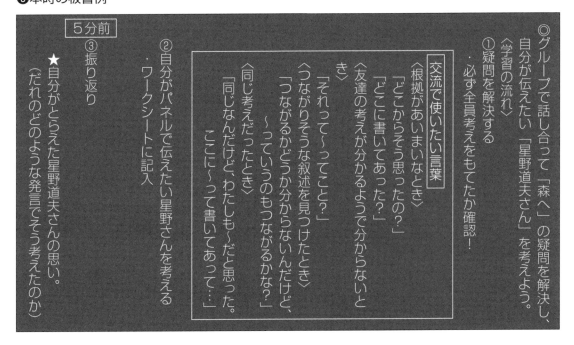

7 主体的・対話的で深い学びにつながる指導と評価のポイント

❶指導のポイント

星野道夫の魅力がたくさん感じられる導入

導入時に本物の星野道夫の写真や写真集に触れる機会を多く設けた。お気に入りの写真を見付けたり写真から想像したことをグループで交流する時間を取ったりした。その他にも,『アラスカたんけん記』（福音館書店）などの絵本の読み聞かせや映像を通して星野道夫の世界に触れ,その魅力を存分に感じられるようにした。その魅力を知らない下級生や保護者に伝えたいという主体的な思いをもって,自分たちの星野道夫展開催への原動力となると考える。

自分たちで開催した星野道夫展の様子

子供自身が見付けた疑問を，子供自身で解決する

教材文「森へ」の中で自分が本当に解決したい疑問を見付ける視点を提示した。グループで解決したい疑問も子供が出した疑問一覧の中から自分たちで選ぶことで,より主体的に星野道夫の思いに迫る読み方ができるようにした。

疑問の視点の例は,以下の通りである。

- ・叙述の意味
  （「サケが森を作る」とは・「森はさまざまな物語を聞かせてくれる」とは）
- ・星野さんの気持ちや行動
  （なぜそっと木の幹をなでたのか）
- ・星野さん自身に関すること
  （星野さんはクマが怖くなかったのか）など

交流に適した全文シート

星野道夫の叙述に対する自分の考えを深めるために,「森へ」を全文シートで読んだ。全文シートには行数を記し,交流で叙述を示すときに役立てた。並行読書材も,特に内容として関連付けやすいと考えた「ナヌークの贈りもの」「クマよ」は全員が全文シートを用いて読み,その他の写真集の言葉や写真は,自分で言葉を書き抜いたり,本に付箋を貼ったりして関連付けを行った。それらのワークシートを,上下2段にして一目で見える形式にした。

友達との考えの交流の場でも,ワークシートや写真集を開いて必ず根拠となる部分を指さしながら話すようにし,考えを広げたり深めたりしている様子が見られた。

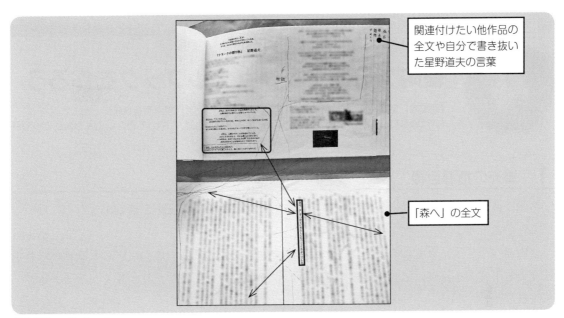

❷評価のポイント

　主に「ノート」「発言」「ワークシート（作成したパネル作品を含む）」の３つを使って評価していく。本時は，友達の考えを聞いたり複数作品の叙述や写真と結び付けながら自分の考えを話したりする学習活動である。

　本時のあるグループでは，「星野さんがサケをつかまえてみようと思ったのは，なぜか」について話していた。

〔教材文「森へ」の中の叙述や写真を根拠にしている姿〕
・（本文近くの「びっくりしてしまいました。」という叙述を根拠に，写真を指差し）「日本では見られない光景だから，びっくりしたのではないか。なかなかない光景だから，興味を持った。自分でもおもしろいと思う」

〔複数作品の叙述や，作品を並行読書する中でとらえた自分なりの「星野道夫像」を根拠にしている姿〕
・「星野さんはアラスカの自然や人にふれ合いたかった。星野さんのやりたかったことだった。『クマよ』に『ふれてみたい』『動物にふれてみたい』ってある。想像だけど，『自分がクマの目になって』ってあるから，クマになったつもりで川に入ったのではないか」

　上のような子供の発言から，並行読書した作品を通して思考を深めている様子を見取り，身に付けている力の状況を評価できるのではないかと考える。

　全グループの子供の発言を聞いて評価することは一単位時間では困難であるため，自分の考えが深まるきっかけとなった発言を振り返りに記すようにしたり，事前に子供のワークシートで叙述や写真などとの関連付けの状況をとらえて交流の時間の支援や評価に生かしたりしていくことが必要だと考えられる。

（榎本　恭子）

第6学年の授業づくり　読むこと（説明文）

番町プロフェッショナルブックを作ろう

【時間数】全8時間・【教材名】プロフェッショナルたち（東京書籍6年）
【並行読書材】なるにはBOOKSシリーズ（ぺりかん社），やってみたいこんなしごとシリーズ（あかね書房）

1　単元の指導目標

○情報と情報との関係付けの仕方を理解し，書く材料を整理して文章を構成するために用いることができる。　　　　　　　　　　　　　　　　　　　　　　　　　　（知・技(2)イ）
○筋の通った文章になるように文章全体の構成を考えたり，目的や意図に応じて意見とそれを支える事実とを区別して考えが伝わるように書き表し方を工夫したりすることができる。
　　　　　　　　　　　　　　　　　　　　　　　　　　　　　　　　　　（書くこと　イ，ウ）
○本や資料から情報を見付け出して考えを明確にするために，多様な資料について文章全体の構成をとらえて要旨を把握するとともに，それらから必要な情報を選んだり関係付けたりして，自分の考えを明確にすることができる。　　　　　　　　　　　　　　　　　（読むこと　ア，オ）
○本や資料の情報を生かして，自分の将来について考えようとしたり，それらを書き表そうとしたりすることができる。　　　　　　　　　　　　　　　　　　　　　　（学びに向かう力等）

2　単元の評価規準

知識・技能	思考力・判断力・表現力等		主体的に学習に取り組む態度
・情報と情報との関係付けの仕方を理解し，書く材料を整理して文章を構成するために用いている。（知・技(2)イ）	「B書くこと」 ・集めた情報を基に，筋の通った文章になるように，文章の構成を考えている。（イ） ・自分の考えを明確に表現するために，それを支える情報を明確に区別したり関係付けたりして書いている。（ウ）	「C読むこと」 ・プロフェッショナルに対しての自分の考えを明確にする上で必要な情報を集めるために，多様な資料を読んで要旨をとらえている。（ア） ・要旨をとらえて集めた情報から必要な情報を選んだり関係付けたりして，自分の考えを明確にしている。（オ）	・本や資料の情報を生かして，自分の将来について考えようとしたり，それらを書き表そうとしたりしている。

3　単元について

　本教材には，自分の仕事に誇りと使命感を抱きながら日々汗を流している３人のプロフェッショナルが登場する。短い文や体言止め，タイミングよく使用されている逆接，プロフェッショナルの実際の言葉の引用などの文章表現が特徴的で，臨場感を醸し出している。

　この教材文は，頭括型の文章である。結論部の段落がなく，筆者の要旨は，序論部に述べられている。それぞれの事例の中では，主に人物の紹介，その仕事を目指した動機，仕事での失敗や困難な出来事，そしてそのときにどう考え，どう行動したのかが述べられている。そして，その後に「プロフェッショナルとは」という問いへの答えが，その人物自身の言葉として添えられている。

　本単元では，プロフェッショナルについての自分の考えと，将来どんなプロフェッショナルになりたいかという夢や取り組みたいことなどを書き，交流後は全員分を一冊の本にまとめる言語活動を設定した。また，この教材を読み，３人のプロフェッショナル観に共通していることは何かを考え，友達と話し合うことで，多様な考えや見方があることに気付き，自分の考えを広げ深めることにつなげていく。今後，総合的な学習の時間において，自分の将来を見つめていく学習を行うので，今の段階から仕事に対する思いや気持ちを文章として書き表す力を身に付けさせていく。

新学習指導要領対応ガイド

❶**情報を活用することを見通した情報収集の指導の工夫**

　これからの高度情報化社会を生きる子供たちにとって，膨大な情報の中から必要なものを見いだし，考えを形成することはとても大切な資質・能力です。そこで本単元では，指導のねらいに応じて並行読書材を吟味して選定しています。

　また本事例では，要旨をとらえることをねらいとしています。要旨を的確にとらえることができるようにするためには，無目的に内容を読み取らせるのではなく，とらえた要旨をどのように活用するのかを十分見通せるようにすることがコツです。そのためには，とらえた要旨を活用して考えをまとめたり表現したりする学習を繰り返すことが大切になります。そこで本時では，前時までに要旨をとらえながら集めてきた情報を基に，自分の考えをはっきりさせる学習を行うことで，とらえた要旨を活用する場面を工夫して位置付けています。

❷**情報の扱い方に関する指導の工夫**

　新学習指導要領で新設された情報の扱い方に関する事項の指導の工夫として，本事例では，付箋を活用して集めた情報を分類し，それらの関係をとらえて文章の構成に生かす学習を位置付けています。単に分類したり関係付けたりする練習を機械的に行うのではなく，単元全体に位置付けた言語活動を行うことに向けた，目的性のある学習にすることで，子供たちにとって活用可能な知識・技能として定着するようにしています。

4　言語活動とその特徴

「C読むこと」の指導事項ア及びオと「B書くこと」の指導事項イ及びウをねらいとし，単元を構成した。今回は，自分の将来の生き方やプロフェッショナルとはどんなことかについて，一人一人がまとめ紹介し合い，一冊の本にする活動を行う。まとめたものは，保護者にも見せることで，子供が目的意識をもって意欲的に取り組んでいた。

第1次では，本校出身の物理学者である寺田虎彦氏について知り，自分の将来の夢や仕事，自らの生き方，自らのプロフェッショナル観について考え，自分と向き合う。また，子供に寺田虎彦が書いた「線香花火」を中谷宇吉郎が教科書用に書き下ろしたものを紹介したり，「なるにはBOOKS」シリーズ，「やってみたいこんなしごと」シリーズを並行読書として紹介したりすることで，子供の興味は広がり，自分の将来について見つめることができる。

第2次では，主教材「プロフェッショナルたち」を読解する。登場する3人のプロフェッショナルたちの①自己紹介（人物名，職種，選んだ理由など），②その仕事をした動機，③失敗や困難な出来事，④プロフェッショナル観などを読み取り，プロフェッショナル観の共通点を話し合う。ここで見いだされる共通点は，要旨をとらえることにもつながるため，文章の内容を的確に読み取らなくてはならない。自分が読み取ったことを持ち寄り，本文を基にしながら互いに検討し合う活動は，論理的に話し合う力を高めることにつながると考えた。さらに，一学期に学んだ双括型の説明文と異なる頭括型の本教材を読解することで，説明的文章の構成に対する理解を深めていく。3人の共通点をとらえ，自分とのつながりを考えるという言語活動を仕組むことで，読解した要旨を押さえることができるだけでなく，構成を考えて自分の考えを書くことができる。

第3次では，第2次で身に付けた力を基に，自分が考えるプロフェッショナルとは何かについて，情報読書で得た情報を基に相手に分かりやすく書き表していく。構成を考えて，自分の考えを書かせることで，効果的かつ明確に自分の考えを書き表す力の育成につながる。

【例：パティシエ】≪自分のプロフェッショナルとは…モデル文≫
- 言葉の壁はあるが，パティシエになるためには，本場に行き，そこで修行を積み重ねることが大切である。失敗や困難に直面しても諦めず努力を続けることで，分かってくれる人が増えたり，お菓子を食べて喜んでくれる人がいたりする。そのために，私は今学んでいる外国語の学習を大切にして，中学生になったらフランス語も勉強していきたい。
- 河田さんの本に書いてあったように，自分の職業をひたすら極め進んでいく『伝統からの創造』へという言葉に共感した。本校は今年度145周年を迎える。現在六年生として，伝統を大事にしながら行事があると，新しいアイデアを出しながら取り組んでいる。この経験も今後，自分の人生に生かしていきたい。
- ハチ屋さんになりたい〇〇さんの話を聞いて，人の手でしかおいしいハチミツは作れないことは，菓子職人と共通していると思った。自然を相手に苦戦するハチ屋さんもその職人魂は，同じものを感じた。

5 単元の指導計画（全10時間）

第1次

①②
- 本校出身の物理学者（寺田寅彦氏）について知り，将来の夢や仕事，自らの生き方について考える。
- 自らのプロフェッショナル観を出し合う。
- 「プロフェッショナルたち」を通読し，初発の感想をもつ。
- 学習の見通しをもつ。

第2次

③
- 必要な情報を見付けるために，文章全体の構成をとらえる。
- 序論で示されている話題提示をとらえる。

④
- 必要な情報を見付けるために，形式段落の要点を押さえ，本論の構成について考える。
- 3人の共通点を付箋に書く。

⑤
- 自分の考えを明確にするために，3人の共通点を話し合う。
- とらえた共通点と自分とのつながりを考え，文章にする。

第3次

⑥
- 自分が紹介したいプロフェッショナルな人の仕事について情報を集めて，整理する。

⑦⑧
- 自分が選んだプロフェッショナルな人の仕事に対する思いや姿勢，プロフェッショナル観をメモする。
- 集めた情報をマイプロフェッショナルページにまとめる。いくつかの本を比べ読み，自分が紹介したいプロを選ぶ。

⑨
- プロフェッショナルとは何か，自分の生き方につながるところは何かを考え，収集し整理してきたものを踏まえて，自分の考えを書く。　　　　　　　　　　　　　　　　（本時）

⑩
- 学年で交流する。
- 家族に紹介する。

6　本時の学習（本時9／10時）

❶本時のねらい

本や資料を読んで集めた情報を基に，プロフェッショナルについての自分の考えと，将来の夢や自らの生き方についての考えを明確にすることができる。　　　　　　　　（読むこと　オ）

❷本時の展開

時間	学習活動	主な発問（○）と指示（△）	指導上の留意点（・）と評価（◇）
5分	1．今までの学習を振り返る。 ・極める ・自分を信じる ・技を磨く ・「魂」をもつ ・道を開く ・向上心 　　　　など	○3人のプロフェッショナル観には，どんな共通点がありましたか。 ○本と自分とをつなげて，プロフェッショナルについて，自分の考えを書きましょう。	・主教材の序論，本論，結論の構成を振り返る。 ・手元には，自分が情報を得た本を置くようにする。
	プロフェッショナルについて自分の考えを書こう。		
15分	2．自分の将来の夢や生き方，自分が見付けたプロフェッショナルな人について発表し，プロフェッショナル観について話し合う。	△班の友達に，自分が見付けたプロを紹介します。 ○プロフェッショナル観について，付箋を基に話し合いましょう。	・情報読書をしてきた内容について友達と情報を交換することで，違う職種でも仕事に対する思いや考え，また，友達と自分の考え方に共通点はあるのかを考えさせる。

時間	学習活動	指導上の留意点	評価
	①人物紹介 （人物名，職種，選んだ理由など） ②その仕事をした動機 ③失敗や困難な出来事 ④プロフェッショナル観　など	△プロフェッショナル観の共通点があったら，赤鉛筆で囲みましょう。 ○自分がどのプロフェッショナル観で書くかを考えましょう。	・プロフェッショナル観を書いた個人の付箋の共通点や相違点を考えさせる。
25分	3．自分が考えるプロフェッショナルとは何かについて考えをまとめて書く。 《共通点の例》 ・言葉の壁，本場での修行の大切さ ・失敗や困難に直面 ・諦めず努力を続ける ・喜んでくれる人 ・自分の職業をひたすら極める ・仕事に終わりはない	○モデル文では，前半，プロのものの見方や考え方，こだわりなど，本から読み取ったプロフェッショナルとは何かについてまとめています。後半は，自分の将来の夢や生き方など自分の考えをまとめています。	・自分のプロフェッショナル観について，事実と意見を区別して書かれているか見直しをさせる。 ◇プロフェッショナルについての自分の考えと将来の夢や生き方について集めた情報を基にして考えをまとめている。　（読オ）

❸本時の板書例

7　主体的・対話的で深い学びにつながる指導と評価のポイント

❶指導のポイント

並行読書材選定のポイントと具体例

　今回は，①できるだけ一人一冊用意すること，②様々な職業の本に出合うこと，③教科書の構成に近いこと，という規準で精選した。「なるにはBOOKS」と「やってみたいなこんなしごと」のシリーズにした。100種類以上ある「なるにはBOOKS」の職業の本を活用することで，まだ将来が定まっていない子供も手を伸ばせるようにした。また，読書が苦手な子供には，「やってみたいなこんなしごと」シリーズを紹介した。そして，子供自身が興味をもった職業の本を中心に用意したことで，自然と子供同士でどんな本だったか，気になったプロなど話し合う必然性が生まれた。

　①マイプロフェッショナル観をより強く自分のこととして深く考えられる。

　②今まで知らなかった職業を知り，総合的な学習の時間で自分の将来を見つめていく学習に関連付けられる。

　③教科書の構成に近いことで，比べ読みをしながら，情報読書へとつなげられる。

付箋の活用

　教科書に登場する3人のプロフェッショナルたちの仕事に対する思いや考え方の比べ読みをし，共通点を見いだした。また，ここで見いだされる共通点は，要旨をとらえることにもつながるため，文章の内容を的確に読み取らなくてはならない。自分が読み取ったことを持ち寄り，本文を基にしながら互いに検討し合う活動は，話合いの必然性が生まれ，また論理的に話し合う力を高めることにつながった。

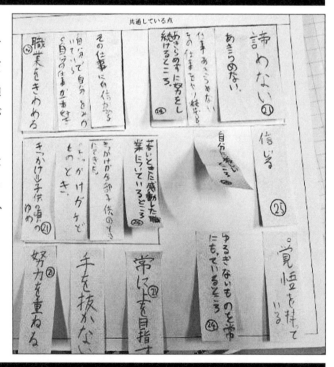

単元の指導計画とワークシート

　単元の題名を読み，「プロフェッショナル」とはどういう人物のことを言うのか，自らのプロフェッショナル観を出し合ったことで，友達と考え方の違いなどに気付くことができた。教

科書に出てくる3人のプロフェッショナル観を第5時に新たな視点で見付け，さらに並行読書からのスモールステップで，本に出てくるプロフェッショナルな先人の思いを読み深めることで，自分のプロフェッショナル観に対する考えが最初に考えていたものと比べて変わったり，深まったりしたことが発表後の感想に表れていた。

また，学習を深めていくうちにたくさん出てきたプロフェッショナル観から，自分だったらという価値観で自分なりの考えをまとめることができた。

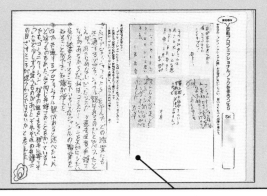

今まで自分が考えていたプロフェッショナルは，元々の才能があって努力しなくても成功し，毎日が充実していることだった。しかし，今回「プロフェッショナルたち」を学んで，努力して苦労や困難を乗り越えて成功したり，日々進歩したりしていく人なのだと考えを改めた。

この学習を通して，どの職業にも共通するプロフェッショナル観はあるのだと思った。例えば，本を読んでいて，スポーツ選手も医者も弁護士も「諦めない」という共通点を見付けた。
同じ職業を選んだ友達は，「相手に寄り添う」など少しずつ違うプロフェッショナル観を書いていた。職業は同じだが，それぞれの弁護士の目指すところが違い，なるほどと思った。私は，コミュニケーションを大切にしていきたいと考えた。
並行読書を通して，様々なジャンルの職業を知ることができた。

(岩渕　知香)

第6学年の授業づくり　読むこと（伝記）

読書交流会で語り合おう！自分を支える偉人の生き方！

【時間数】全12時間・【教材名】伊能忠敬（教育出版6年下巻）

1　単元の指導目標

○言葉には，相手とのつながりをつくる働きがあることに気付くことができる。
（知・技(1)ア）

○自分の考えを明確にすることに向けて，文章全体における事実と意見などとの関係を叙述を基に押さえて読むことができる。
（読むこと　ア）

○伝記に書かれた複数の情報を関係付けながら読んでまとめた意見を共有し，互いの情報の関連付けの仕方の相違から来る解釈の違いなどに気付き，自分の考えを広げることができる。
（読むこと　カ）

○伝記を読み，感銘を受けたりあこがれを抱いて自分を見つめ直したりして，自分の生き方について考えようとする。
（学びに向かう力等）

2　単元の評価規準

知識・技能	思考力・判断力・表現力等	主体的に学習に取り組む態度
・読書交流会で用いる言葉を考えたり振り返ったりすることで，言葉には相手とのつながりをつくる働きがあることに気付いている。 （知・技(1)ア）	「C読むこと」 ・伝記を読み，描かれた複数の記述を関連付けて，人物の生き方や考え方について自分がどのようにとらえたのかを明確にすることに向けて，文章全体における事実と意見などとの関係を叙述を基に押さえて読んでいる。　（ア） ・伝記に書かれた複数の情報を関係付けながら読んでまとめた意見を共有し，互いの情報の関連付けの仕方の相違から来る解釈の違いなどに気付き，自分の考えを広げている。　（カ）	・伝記を読み，感銘を受けたりあこがれを抱いて自分を見つめ直したりして，自分の生き方について考えようとしている。

3 単元について

❶子供について

　子供はこれまでに，説明的な文章を筆者の説明の仕方の工夫とその効果を考えながら読んだり，筆者の考えに対して自分の考えをまとめたりする言語活動を行ってきた。また文学的な文章の学習では，作者の優れた表現や叙述から根拠を示し，登場人物の心情や相互関係などを想像して読むことを経験してきている。しかし，根拠となる叙述は見付けることができるものの，その叙述を基に筆者の意図を読むことや想像して読むことに課題が見られ，読みが深まらないことから自分の考えをまとめることを苦手としている子供も多い。そのため本単元では，伝記を通して，行動，性格，時系列的な記述，人との出会い，筆者が特筆する出来事が書かれている叙述を基に興味のある人物の生き方を読むことに重点を置く。また，興味のある人物の生き方を助けに，自分の生き方に対する考えを広げたり深めたりすることにも重点を置く。

❷中心教材について

　本単元で中心となる教材は，49歳になってから学問の道を志し，日本全国を測量して周り，日本地図を製作した伊能忠敬の半生を描いた伝記である。地の文，会話文の叙述から人物の心情や筆者の叙述の意図を読むことができる。また，年号や日付が細かく記されており，時間の流れや出来事の詳細がよく分かるようになっている。さらに，忠敬に影響を与える人物が多く登場し，出会いによって忠敬の人生が大きく進んでいくという，人との出会いの大切さが分かるようになっている。そのため，伝記で取り上げられている人物の生き方，人との出会い，出来事など本文全体の叙述の意味や効果を考え，自分の考えを明確にしたり共有したりしながら読むことに適した教材である。

新学習指導要領対応ガイド

❶「あこがれる」「心に響く」などの思いを重視した指導の工夫

　伝記を読むことが好きな子供たちは，内容を理解するだけではなく，人物の生き方や考え方に心を動かされたり憧れたりしながら読むことが多いのではないでしょうか。本事例の読書交流会は，そうした思いを膨らませて読んだり交流したりすることができるものとなっています。また，こうした思いは言葉に着目した学びを行うための基点ともなるものです。

❷伝記に描かれた複数の叙述を関係付けて読む指導の工夫

　読書交流会では，伝記中の人物のどのような生き方に，どのような理由であこがれを抱いたのかを明確にする学習が行われます。その際，心を動かされる基になった人物の言動は，伝記の中の一か所だけに記述されているのではなく，複数書かれている場合が多いものです。例えば，「一貫して民のために行動している」「大きな困難があったが，それを乗り越えて成功を収めた」など，複数の言動や業績などの記述を関係付けることで，心に響く理由を明らかにして読むことができます。

4 言語活動とその特徴

　本単元では,「C読むこと」の言語活動例「イ　詩や物語,伝記などを読み,内容を説明したり,自分の生き方などについて考えたことを伝え合ったりする活動」に対応する言語活動として,興味のある人物の行動や性格,生き方などから,今の自分や中学生になるこれからの自分にとって支えとなる生き方を見付け,読書交流会をする活動を行うこととする。

　自分の支えとなる生き方とは何かを考えて伝記を読むためには,伝記で取り上げられている人物の生き方をその行動,性格,時系列的な記述,人との出会い,筆者が特筆する出来事や人物に対する評価など本文全体の叙述の意味や効果を考え,それらを関係付けながら読む必要がある。また,文章全体について自分の考えを明確にして,その人物や自分自身の生き方について考えを深めることが必要となる。従って,本単元でねらう「C読むこと」の指導事項「ア　事実と感想,意見などとの関係を叙述を基に押さえ,文章全体の構成を捉えて要旨を把握すること」及び「カ　文章を読んでまとめた意見や感想を共有し,自分の考えを広げること」の実現を図ることができる。

　本単元で行う読書交流会は以下のようにとらえて進める。

【本単元における読書交流会の特徴】

特徴　○話題は自分たちで決める。　　○伝記や資料から根拠を示す。
　　　○自由に発言する。　　　　　　○司会を立て３人で交流する。

目的　①人物について疑問に思っていることを交流して解決する。

★出来事に関する疑問を交流している場面

読書交流会のモデル

Aさん
「私はなぜ忠敬が安定した生活を捨てて、五十五歳で地図を作るという新しい仕事に挑んだのかがわかるようでわからないな。私だったら、商売もさかんになって、資産もあるんだから、楽に過ごすと思うけどな。」

[根拠の提示]

Bさん
「僕も最初は、なぜだろうと思ったよ。安定した生活を捨てるのは、普通じゃ考えられないからね。だけど、六十九ページに書かれているように、安定した生活を送りたいという気持ちよりも若いころにできなかった学問をやりたいと思う気持ちが強かったんじゃいかな。それに、学問で付けた力を試すためにも地図作りに挑んだんじゃないかな。」

[自分との比較]

★残した名言について話している場面

Cさん
「僕は、忠敬が間宮林蔵に言った『たった一人で、よくぞやってくださった。ありがたいことだ。』という言葉に、忠敬の性格がよく表れていると思うな。」

[名言の紹介]

[考えの明確化]

Dさん
「確かに。私もそれはいい言葉だと思う。他の人物の伝記も読んでいるけど、偉人ってどんな人にも素直に感謝できるところがすごいな。」

[共通点の発見]

5 単元の指導計画（全12時間）

第1次

①特別活動と関連をもたせ，伝記と出合う前の自分の現状を明確にさせる。
　伊能忠敬の功績の一部を紹介し，その生き方に興味をもたせることにより，自分のこれからを支える生き方を偉人の生き方から学ぶという学習課題を設定し，学習計画を立てる。
②様々な人物の伝記に触れ，感想を交流し，並行読書を始める。

第2次❶

③④読書交流会に向けて，伝記「伊能忠敬」を読み，時系列的記述や行動，人との出会い，特筆されている出来事などに着目して，心に響くところを探しながらあらすじをまとめる。
⑤全文を繰り返し読みながら伊能忠敬の生涯について理解を深めるとともに，忠敬の行動や性格，生き方に関わる疑問を見付けていく。

第2次❷

⑥第2次①で見付けた疑問を整理し，課題としてまとめる。
⑦読書交流会を行い，忠敬の生き方についての考えを深めたり広げたりする。　　　　　　　　　　　　　　　　　　（本時）
⑧忠敬の生き方から学んだことについて自分の考えをまとめる。

第3次

⑨2回目の読書交流会に向けて，自分が興味をもった人物の伝記や資料を基に，その人物の業績や生涯をまとめる。
⑩読書交流会に向けて，自分が選んだ人物の伝記について，心に響くところを見付けたり，疑問を明確にしたりする。
⑪第2回目の読書交流会を行う。
⑫学習のまとめをする。

6 本時の学習（本時7／12時）

❶本時のねらい

読書交流会で伊能忠敬の生き方について話し合うことで，自分の考えを広げることができる。

（読むこと　カ）

❷本時の展開

時間	主な学習活動	指導上の留意点（・）と 評価（◇）
導入 5分	1．本時のめあてを確認する。	・本時のめあてを確認後，自分の学習のめあてを立てる。
	課題について話し合い，伊能忠敬の生き方から学んだことをまとめよう。	
展開 30分	2．ホップ 　読書交流会の流れを確認し，課題に対する自分の考えを見直す。 3．ステップ 　グループごとに読書交流会を行い，課題について話し合う。 ・読書交流会での話合いが深まるようなつなげる視点を与える。 【つなげる視点例】 ○あなたはなぜそう思うの？ ○あなただったらどうする？ ○どうして忠敬はこんなことをしたのかな？ ○他に根拠はないかな？ ○他の資料や作品と比べてみたら？	・話合いの際には，本文中の叙述や資料等自分の考えの根拠を必ず示すことを伝える。 ・グループがどのような課題をもって読書交流会に臨もうとしているか，座席表などを作り，事前に把握する。 ・課題に対する考えを広げたり深めたりするために，話合いの視点を示す。

	4．ジャンプ 　解決した課題や考えの深まりを基に，自分が取り入れたい伊能忠敬の生き方について考えをまとめる。 ・取り入れたい伊能忠敬の生き方について考えを全体で共有する。	・単元の導入で確認した中学校へ向けての課題や不安，頑張りたいことも含めて考えをまとめさせる。 ◇伊能忠敬の生き方と自分の経験や考えなどとの共通点や相違点から出る課題を交流会で解決し，自分が取り入れたい忠敬の生き方について考えをまとめている。 （読カ）（発言，ワークシート）
まとめ 10分	5．学習の振り返りを行う。	・本時の学習活動を振り返り，学習計画表を基に次時の学習内容を確認し意欲を高める。

❸本時の板書例

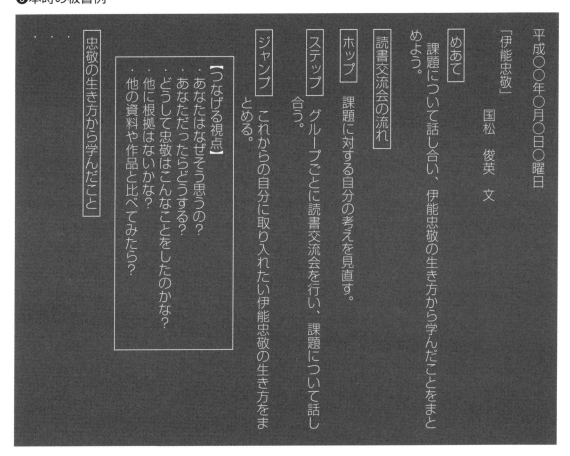

7 主体的・対話的で深い学びにつながる指導と評価のポイント

❶指導のポイント

他教科・領域と関連をもたせ，単元導入前に自分の現状を明確にする

　本単元では，単元全体を通して中学校に向かって成長する自分を支える生き方を見付けることを目標にした。そのため，導入前に特別活動と関連をもたせ，ワークシートを活用し現在の自分がもつ希望や不安，悩み，また夢などの子供の現状を明確にさせた。それにより，自分と偉人との共通点や相違点を見付けやすくなり，生き方を見付けることにも

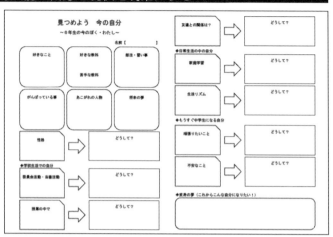

つながった。また，単元終了時と導入時の考え方や思いを比較し，子供が自分自身の変化を感じることができた。

交流会で考えをより深めたり広げたりするために，疑問を整理し課題をつくる

　読書交流会を行う準備段階として，一人一人がもつ疑問についてワークシートを活用し，グループで読書交流会において話し合うべき2つの課題として整理していった。課題として整理することで，読書交流会で何を話し合うべきかが子供の中で明確になり，考えがより深まり，かつ広がる交流会となった。

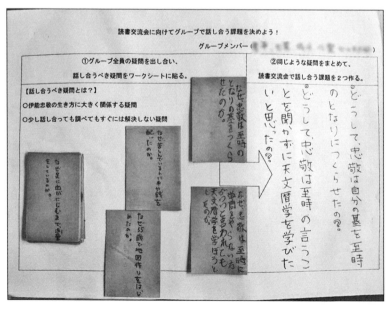

❷評価のポイント

伝記で時系列的記述に注目して読み，内容の大体をとらえているか

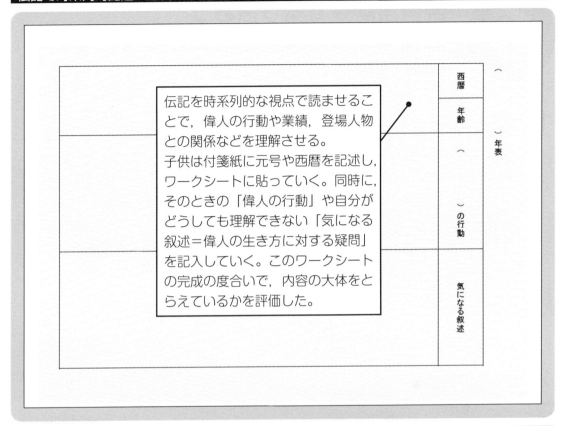

単元の導入前の自分と関連付けて，これからの自分を支える生き方を見付けているか

次は，読書交流会後のある子供の振り返りである。

> 　僕には医者になるという夢があります。そのため，中学生になったら学校生活以外でもボランティアや海外短期留学に挑戦してみたいと思っています。でも僕は，今まで失敗をおそれて新しいことに挑戦できないことが何回もありました。しかし，僕は伊能忠敬の学習から，どんなことがあっても自分の夢に向かって挑戦する勇気をもつことの大切さを学びました。これからは，僕も伊能忠敬のように，失敗をおそれずに新しいことに挑戦しようと思いました。

　このように単元導入前の自分の状況も関連付けながら，自分を支える生き方を見付けているかを学習の振り返りとして記述させることで評価した。

（小嶋　成臣）

第6学年の授業づくり　読むこと（文学）

読書座談会で語り合おう
立松和平の考える命と自分の考える命

【時間数】全11時間
【教材名】海の命（光村図書6年），山のいのち，他に立松和平「いのちシリーズ」（ポプラ社）

1　単元の指導目標

◎読書座談会のテーマに基づき，シリーズ作品を重ねて読むことで，読書が自分の考えを広げることに役立つことに気付くことができる。　　　　　　　　　　　　　　　　　(知・技(3)オ)

○語感や言葉の使い方に対する感覚を意識して，語や語句を使うことができる。

(知・技(1)オ)

○互いの考えを広げる読書座談会に向けて，人物像や物語の全体像を具体的に想像したり，表現の効果を考えたりするとともに，作品を読み合って共有し，自分の考えを広げることができる。　　　　　　　　　　　　　　　　　　　　　　　　　　　　　　(読むこと　エ，カ)

○作品に対する疑問を解き明かしたり，課題を解決したりしようという意欲をもち，自分の考えをまとめたり読書座談会で交流したりしようとする。　　　　　　　　　　(学びに向かう力)

2　単元の評価規準

知識・技能	思考力・判断力・表現力等	主体的に学習に取り組む態度
・読書座談会のテーマに基づき，シリーズ作品を重ねて読むことで，読書が自分の考えを広げることに役立つことに気付いている。　(知・技(3)オ) ・語感や言葉の使い方に対する感覚を意識して，物語を象徴するような言葉を見付けて読んでいる。 (知・技(1)オ)	「C読むこと」 ・互いの考えを広げる読書座談会に向けて，人物像や物語の全体像を具体的に想像したり，表現の効果を考えたりしている。 (エ) ・シリーズ作品と重ねたり，友達の考えとの共通点や相違点とを見付けたりしながら，作品を読み合って共有し，自分の考えを広げている。 (カ)	・作品に対する疑問を解き明かしたり，課題を解決したりしようという意欲をもち，自分の考えをまとめたり読書座談会で交流したりしようとしている。

3 単元について

❶子供の実態

これまで子供は，主人公の心情に着目し，自分の体験と重ね合わせて共感したり，作者の考え方や思いを想像したりしながら読み，それらについて推薦したり，紹介したりする学習を行ってきた。しかし，まだ登場人物の相互関係から変化する主人公の心情をとらえる力は十分とは言えない。また，自分の考えを深めるという視点でシリーズ本を読むことができる子供は多くはない。

❷単元について

本単元では，中心教材として，教科書教材「海の命」とともに，同一作者の『山のいのち』を扱う。また他の「いのちシリーズ」を並行読書材とする。「いのちシリーズ」は，自然との関わりが多く取り上げられ，人間や動物・植物の生と死，そしてそれをきっかけに主人公が成長する姿が生き生きと描かれている。また，物語の解釈を深めていくために有効に機能するであろう優れた叙述が多くあり，それらを課題として，シリーズ作品を重ねたり，他の叙述を根拠にしながら交流したりすることで，命の意味を主体的かつ多面的にとらえることができると考える。よって，ねらいを達成するのに適している教材だと考える。

第2次では，教科書教材「海の命」と展開が似ており，他のシリーズ作品より象徴的な言葉や登場人物の心情についての描写などをとらえやすい『山のいのち』を先に扱う。『山のいのち』を先に学習することで，学習した内容や読み方などを生かして教科書教材「海の命」を読むことができ，より解釈が深まると考える。また，第3次では第2次のミニ読書座談会で話し合ったことを根拠に，「作者の考える命と自分の考える命」というテーマで読書座談会を行うこととする。

新学習指導要領対応ガイド

❶単元内の繰り返しで確実に資質・能力を育む指導の工夫

本単元では，読書座談会を繰り返し取り入れています。シリーズ作品を重ねて読むなどして関連を図りながら，繰り返し読書座談会を進めていくことで，本単元でねらう共有の資質・能力を確実に育むことができます。また本単元で取り上げている「命」などのテーマについて考えるためには，複数作品を通して多面的にとらえていくことが有効になります。

❷言語活動の目的や必要性を自覚できるようにするための工夫

読書座談会では，それぞれが順番に解釈を述べるだけになってしまったり，なぜ読書座談会を行うのかという目的を実感できないままになってしまったりすることがあります。本事例では，本時の指導の工夫に見られるように，子供たちがどうしても解決したい疑問を明確にすることを大切にすることで，読書座談会の目的や必要性を自覚できるようにしています。

4 言語活動とその特徴

本単元では、「読書座談会で作品のテーマについての考えを深めること」を言語活動として位置付ける。

本単元における読書座談会は、作品を読み、登場人物の言動の意味や、作品に描かれたものが何を象徴するのかなどといったことについて疑問を出し合ったり、同一作品内、あるいは他の作品の叙述同士を関連付けたりしながら新たな意味を見いだし、命についての自分の考えの形成に結び付けていく活動である。

読書座談会のテーマを「作者の考える命と自分の考える命」とし、「いのちシリーズ」の作品を重ねて読み、友達と交流することを通して、自分の考えを広げ深めることを目的とする。読書座談会を行うに当たっては、心に響いた叙述が物語の中でどういう意味をもっているか、叙述を通して登場人物の深い心情や作者のメッセージをどうとらえるかなど、人物像や作品の全体像をとらえて優れた叙述についての考えをもつことが必要になる。従って、「C読むこと」の指導事項エの力を付けることができる。また、読書座談会の目的自体が、意見を交流し考えを深めることにあるので、「C読むこと」の指導事項カの力を付けることもできる。よって、この言語活動を取り上げることで、本単元のねらいを実現できると考える。

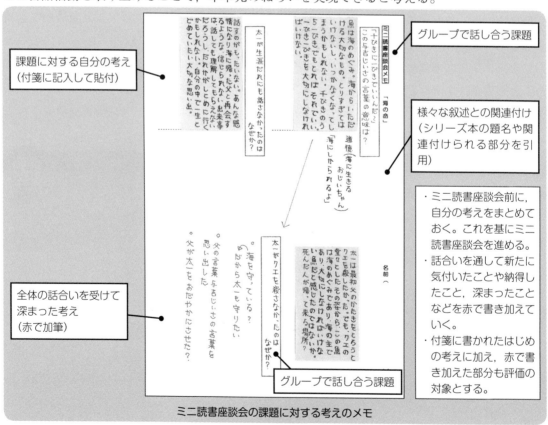

ミニ読書座談会の課題に対する考えのメモ

5 単元の指導計画（全11時間）

第1次
①②学習の見通しをもち，学習計画を立てる。

第2次❶
③『山のいのち』を読み，中心人物の心情の変化を大まかにとらえる。
④『山のいのち』を読み，作者の考える命をとらえるための課題を設定する。
⑤読書座談会に向けて作者の考える命をとらえるために『山のいのち』ミニ読書座談会を行う。

第2次❷
⑥「海の命」を読み，中心人物の心情の変化を大まかにとらえる。
⑦「海の命」を読み，作者の考える命をとらえるための課題を設定する。
⑧読書座談会に向けて作者の考える命をとらえるために「海の命」ミニ読書座談会を行う。　　　　　　　　　（本時）

第3次
⑨⑩ミニ読書座談会を基に「作者の考える命と自分の考える命」というテーマで読書座談会を行い，命についての自分の考えを広げたり深めたりする。
⑪命についての考えをまとめ，単元を振り返る。

6 本時の学習（本時8／11時）

❶本時のねらい

「海の命」のミニ読書座談会を通して，他の叙述などと関連付けながら課題に対する自分の考えを広げたり深めたりすることができる。

（読むこと　カ）

❷本時の展開

時間	学習活動	指導上の留意点（・）と評価（◇）
3分	1．本時のめあてとゴールを確認する。	・前時までの学習を振り返ることで，「考えを深める」という本時のゴールの姿を，具体的にイメージできるようにするとともに，課題を解決するポイントが，太一の心情の変化に関係あるのではないかということに気付くことができるようにする。
	読書座談会に向けて，立松さんの考える命をとらえるために，ミニ読書座談会でそれぞれの課題についての考えを深めよう。	
2分	2．ミニ読書座談会で話し合う課題についての考えを確認する。	・前時までに書き込んでおいたメモを，これまでの学習を踏まえ見直し，必要であれば付け足しなどを行わせる。
20分	3．グループで決めた課題について，ミニ読書座談会で話し合う。 【グループの課題】 ※この中から2つ ・「海のめぐみ」とはどんなことを表しているのか。 ・「千匹に一匹でいいんだ～」与吉じいさの言葉の意味は？ ・「村一番の漁師」とはどんな漁師か。 ・「口から銀のあぶくを出した」はどういう意味か。 ・太一が生涯誰にも話さなかったのはなぜか。 ・大魚をこの海の命だと思えたのはなぜか。	・『山のいのち』のミニ読書座談会と同じグループでミニ読書座談会を行い，前回の内容を関連付けながら話合いを進めることができるようにする。 ・話合いを活発にするために，叙述を関連付けながら話し合うことや，形式張らず自由な雰囲気の中で話合いを進めることを確認する。 ・机上に教材文を置き，常に本文を読み返したり引用したりしながら，互いの読みの根拠を明確にしていくことができるようにする。また，叙述同士を線で結んで関連性を表したり，発言を類型化したり，気付いたことを書き込んだりするよう指示し，互いの共通点や相違点に気付くことができるようにする。 ・話合いをしてもなかなか解決に結び付かないグループや，新たな疑問が生まれたりしているグループに焦点を当てて机間指導を行い，全体の話合い

		につなげられるようにする。
15分	4．共通の課題について全体で話し合う。 【共通の課題】 太一がクエを殺さなかったのはなぜか。	・グループの話合いの様子から，解決できなかったことや，もっと友達の考えを聞いてみたいことがあるグループや，話合いを深める考えをもつ子供に意図的に指名し，全体で話し合うことで，友達の考えを自分の読みに生かしたり，再考したりできるようにする。 ◇ミニ読書座談会を通して，「海の命」の優れた叙述について，他のシリーズ作品や既習の作品の叙述と関連付けながら，課題に対する自分の考えをもっている。 　　　（読カ）（話合いの様子，学習シートの記述）
5分	5．学習の振り返りをする。	・一人一人が学びを実感することができるよう，今日の授業の流れを全体で振り返りながら，変容場面や変容の要因を確認させ，課題に対する考えが深まったか，グループで振り返らせる。 ・課題に対する考えの深まりが分かるように，ミニ読書座談会後の自分の考えを学習シートに赤ペンでメモ程度に記入させる。 ・作者の考える命についても触れている振り返りを紹介し，次時の学習へつなげる。

❸本時の板書例

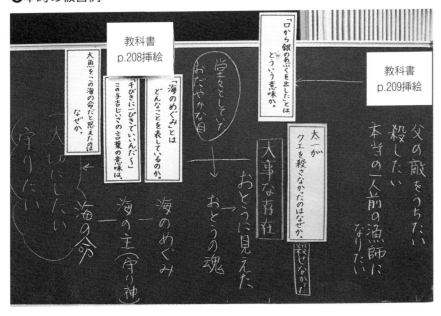

※太一の心情が少しずつ変化していく様子をとらえやすいように，挿絵やグループで話し合った課題を貼る位置を工夫する。

※グループで話し合った課題が，すべて共通の課題に結び付いていくことが分かるように板書を構成する。

※発言内容を類型化しながら板書することで，それぞれの考えを共有できるようにする。

7 主体的・対話的で深い学びにつながる指導と評価のポイント

❶指導のポイント

子供とともに立てる学習計画

単元に入る前に,立松和平の「いのちシリーズ」全7冊を全員が読んでおくようにする。そして,シリーズ作品を読んで感じたことを基に「作品を読むことを通して命についての考えを深める」という学習の目的や,「命についての自分の考えをもつ」という単元のゴールを設定する。これまでに身に付けた読み方に加え,他のシリーズ作品と比べたり重ねたりして読むことや,友達と考えを交流することは,考えを深めるために必要であることを確認する。また,考えを深める手段として読書座談会を教師側から提案し,読書座談会のモデルを見ながら,会の進め方や雰囲気,内容などについて,イメージをもたせる。

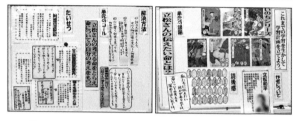

単元導入時の板書…そのまま掲示し学習の手引きに

課題設定のための手立て

第2次で行うミニ読書座談会の課題は子供が設定する。心に響く叙述について疑問に思うことや考えたいことを挙げさせ,解釈を深めるために価値あるものかを全体で検討し設定する。より解釈を深めたい課題は,全体共通の課題とする。

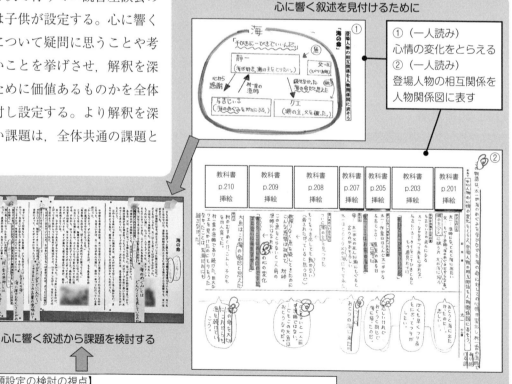

心に響く叙述から課題を検討する

【課題設定の検討の視点】
・登場人物の相互関係や心情を問うもの
・多様な意味をもち,様々な叙述と関連付けながら考えることができるもの

ゴールの姿をイメージさせる

ミニ読書座談会や読書座談会では,「考えを深める」ことをねらいとしている。本単元では,「考えを深める」ことを「根拠となる様々な叙述と関連付けながら考える」こととしてとらえる。さらに「様々な叙述と関連付ける」とは,同一作品内の叙述と叙述を関連付けることに加えて,他のシリーズ作品の叙述,さらにはこれまでの読書体験や実体験などを関係付けることも含むこととする。学習の中でそれらを何度も確認し,「考えを深める」とはどういう姿なのかを子供が具体的にイメージできるようにする。

❷評価のポイント

第3次では「作者の考える命と自分の考える命」というテーマで読書座談会を行い,最後には自分の考えをまとめた。記述内容と合わせて,これまでのミニ読書座談会の課題に対する考えのメモやシートへの書き込み,毎時間や単元の終わりの振り返りなども活用して子供の姿を見取り,評価する。併せてここでは,複数の作品を取り上げて考えをまとめた記述を十分満足できる状況(A)と判断する。

【子供の記述より】※(A)と判断できる記述

私は,立松さんの考える命とは,「ふれて命はつながる」ということだと思いました。

そのことから私は,「命は消えない」という思いが強くなりました。「山のいのち」では,イタチは死んでしまったけれど,魂は生き続けていると学びました。また「海の命」では,千匹に一匹しかとらないことで,海の命は変わらないということを学びました。いのちシリーズを読むことで,命について深く考えることができました。これからももっと命について考えてみたいと思いました。

私は,立松さんの考える命とは,「死んでも魂は消えないということ」「もう会えないとしても見ていてくれるということ」だと思います。

そして私は,立松さんが考える命から,自然と向き合ったり,生や死に直面する経験をしたりすることを通して,人は成長していくということを感じました。「海の命」では,太一がクエの生を感じ,「山のいのち」では,静一がイタチの死を通して成長しました。「街のいのち」では,瞳が母の死を通して成長し,「木のいのち」では,千春が自然を支えとして育ちます。どの「いのちシリーズ」の主人公も,実際にふれた命から成長していました。今回の学習で,命に対する考えが深まりました。これから先,私自身,自然と向き合ったり,生や死を体験したりすることがあると思います。だから,これからもさらに命に対する考えは深まっていくと思います。

(益子 一江)

【編著者紹介】
水戸部　修治（みとべ　しゅうじ）
京都女子大学教授。
小学校教諭，県教育庁指導主事，山形大学地域教育文化学部准教授等を経て，文部科学省初等中等教育局教育課程課教科調査官，国立教育政策研究所教育課程研究センター総括研究官・教育課程調査官・学力調査官，平成29年4月より現職。専門は国語科教育学。平成10・20年版『小学校学習指導要領解説国語編』作成協力者。主な著書に，『小学校　新学習指導要領　国語の授業づくり』，『平成29年版　小学校新学習指導要領の展開　国語編』，『単元を貫く言語活動のすべてが分かる！　小学校国語科授業＆評価パーフェクトガイド』，『イラスト図解でひと目でわかる！小学校国語科　言語活動パーフェクトガイド（全3巻）』（明治図書）などがある。

【執筆者紹介】（執筆順，所属先は執筆当時）
舛元　夕子　神奈川県横浜市立並木中央小学校
藤村　彰宏　広島県福山市立新涯小学校
皆川美弥子　宇都宮大学教育学部附属小学校
内野　裕司　東京都八王子市立由木中央小学校
東　ひとみ　沖縄県名護市立名護小学校
但木　　功　北海道小樽市立銭函小学校
岩﨑　千佳　大阪教育大学附属平野小学校
岩倉　智子　福岡県北九州市立戸畑中央小学校
榎本　恭子　神奈川県横浜市立並木中央小学校
岩渕　知香　東京都千代田区立番町小学校
小嶋　成臣　沖縄県石垣市立石垣小学校
益子　一江　秋田県横手市立十文字第一小学校

〔本文イラスト〕木村美穂

新学習指導要領＆3観点評価対応！小学校国語科
質の高い言語活動パーフェクトガイド　5・6年

2018年8月初版第1刷刊　Ⓒ編著者　水　戸　部　修　治
　　　　　　　　　　　　　発行者　藤　原　光　政
　　　　　　　　　　　　　発行所　明治図書出版株式会社
　　　　　　　　　　　　　　　　　http://www.meijitosho.co.jp
　　　　　　　　　　　　　（企画）木山麻衣子（校正）㈱東図企画
　　　　　　　　　　　　　〒114-0023　東京都北区滝野川7-46-1
　　　　　　　　　　　　　振替00160-5-151318　電話03(5907)6702
＊検印省略　　　　　　　　　　　　ご注文窓口　電話03(5907)6668
　　　　　　　　　　　　　組版所　藤原印刷株式会社
本書の無断コピーは，著作権・出版権にふれます。ご注意ください。

Printed in Japan　　　　ISBN978-4-18-299314-5
もれなくクーポンがもらえる！読者アンケートはこちらから→